KB040894

다음 세대를 생각하는
인문교양 시리즈

아우름 **15**

일러두기

춘추전국 이야기를 '도리'와 '의리'라는 주제로 나누어 장을 구성했습니다.

1장 '도리를 찾아서'에는 주로 자아성찰이나 자기수양 등 개인(私)의 성장, 수신제가(修身齊家)에 해당하는 내용을 담고자 했고, 2장 '의리를 찾아서'에는 주로 인간관계나 사회정치 등 공동체(公)의 발전, 치국평천하(治國平天下)에 해당하는 내용을 담고자 했습니다.

각 장 내에서는 사건이나 일화의 연대순으로 글을 배열하였습니다. 독서하실 때 참고하시기 바랍니다.

옛 거울에
나를 비추다

춘추전국, 인간의 도리와 세상의 의리를 찾아서

공원국 지음

샘터

정신의 근육에도 단련이 필요합니다

독자 여러분, 이렇게 책으로나마 만나 뵐 수 있어 크나큰 영광입니다. 저는 이 만남이 독자 한 분 한 분과 저를 이미 상상할 수 없는 가능성의 공간으로 인도했다고 믿습니다.

세상 살면서 누구나 도(道)와 의(義)를 이야기합니다. 그러나 우리는 도의를 따라 살고 있나요? 우리는 얼마 전 우리에게 아직도 도와 의가 남아 있는지 뼈저리게 반성하게 하는 참혹한 일을 겪었습니다. 무고한 승객 305명을 뻔히 지켜보면서 깊은 바다로 떠나보내야 했습니다. 이익을 보면서 그것이 합당한지 생각하지(見利思義) 않았기 때문에 생긴 사고였고, 남의 위태로움을 보면서 자신의 목숨을 돌보지 않는(見危授命) 정신을 갖춘 사람들이 너무 적었기 때문에 평범한 사고는 참사로 이어졌습니다.

오늘날 어쩌다 도와 의는 이토록 우리와 멀어진 것일까요? 혹시 우리가 도의를 너무 고상한 것, 우리와는 먼 것이라고 생각하고 가까이 두지 않았기 때문이 아닐까요? 저는 도의는 팔다리나 장기의 기능과 다를 것이 없다고 생각합니다. 가까이 두고 쓸수록 더욱 민첩하고 강해지지만 내버려두면 정작 필요할 때 쓸 수 없는 것. 가까이 두고 쓰면, 어느 순간 숨을 쉬고 길을 걷듯이 어디에서 무엇을 하든 모두 들어맞게 되는 것, 그런 것이 도의가 아닐까요?

여기 보통 사람 열 명에게 멋진 등산복과 장비를 주고 교관이 임무를 부여합니다.

"내일 모두 히말라야 정상으로 올라가야 합니다."

그러면 열 명이 이구동성으로 말할 겁니다.

"아니, 준비를 한 적도 없는데 어떻게 오르란 말입니까?"

그러자 교관이 반문합니다.

"아니, 그렇게 많은 장비를 줬잖소? 그 장비는 히말라야를 처음

오른 사람이 쓴 것보다 훨씬 나은 것이란 말이오."

　보통 사람들은 대답을 하겠지요.

"장비가 무슨 소용입니까? 몸이 준비가 안 되어 있는데."

　그렇습니다. 도의도 복잡한 몸의 기능과 같은 것입니다. 왜 배가
가라앉을 때 사람들은 위험을 무릅쓰고 남을 구하지 못했습니까?
그런 행동이 옳다는 것을 몰라서 그렇습니까? 아닙니다. 히말라야를
오르지 못하는 사람들이 신체의 근육이 부족해서 포기하듯이, 위험
을 무릅쓰지 못하는 사람들은 정신의 근육이 부족해서 포기하는 것
입니다.

　내일 당장 히말라야를 오를 신체의 근육이 생기지 않듯 옳은 일
을 실천하는 정신의 근육이 위기의 순간에 갑자기 생길 리 없겠지
요. 옷과 장비가 좋아도 산을 오르는 데는 소용이 없듯, 평소에 들은

도덕에 관한 화려한 말들은 실천의 순간에 힘을 발휘하지 못합니다. 근육이 신체를 움직이게 만드는 힘이듯 도의는 정신을 움직이게 만드는 근육과 같습니다.

세상이 바뀌면서 사람이 입는 옷이 바뀝니다. 그러나 백만 년 전부터 사람이 길을 가기 위해서는 두 다리를 써야 하듯이, 세상의 질서가 바뀌고 가치관이 바뀐다 하더라도 정신의 몸뚱이는 크게 바뀌지 않습니다. 새로운 옷을 입고 새로운 방식으로 걸어간다 할지라도 합당한 방식으로 걸어가면 될 뿐입니다. 도구와 그 사용 방식이 무한대로 바뀌어도 그것을 자유자재로 활용할 수 있는 정신의 근육, 이것을 도의라고 한다면 우리는 그 근육을 매일 단련해야 합니다.

정신의 근육 단련을 위해서 우리는 책, 특히 고전을 읽습니다. 노자는 "갓난아이(赤子)로 돌아가자"고 주장했습니다. 벌거숭이 아이처럼, 주어진 껍데기를 벗어던지고 처음부터 시작하자는 뜻이겠지요. 수많은 운동 종목이 있지만 그 기본은 달리기입니다. 고전 읽기는 꼭 갓난아이의 걸음마와 같습니다. 고전은 복잡한 수식이 없습니다. 히말라야를 오를 힘이 있는지 없는지 알아보자면 옷을 모두 벗어야 합니다. 화려한 등산복으로 가려도 그 안에 근육이 없으면 소용이 없습니다. 갓난아이는 옷을 입지 않습니다. 아기는 순간순간 스스로 판단하면서 서고 걷는 법을 터득합니다.

처음 걸음마를 터득한 아이를 보십시오. 먹고 자는 시간을 빼면 걷고, 뜁니다. 걷고 뛰면서 아이들은 웃습니다. 그것이 즐겁기 때문이겠지요. 아이는 신체의 근육이 주는 능력을 즐기고, 이 즐김을 통해서 더 강한 신체의 근육을 얻습니다. 그렇다면 어른이 정신의 근육이 주는 능력(道義)을 즐기는 것이 과연 어려운 일입니까? 그렇지 않습니다. 파죽지세란 말이 있듯이 처음이 어렵지 중간과 끝은 어렵지 않습니다.

저는 여러분께, 걸음마를 배우는 아이의 고전 읽기를 권합니다. 공자나 맹자의 말이라고 맹신할 필요가 없습니다. 우리 스스로 적나라한 상황에 빠져 출구를 생각해 보는 겁니다. 그리고 그런 생각을 통해 우리 정신의 근육을 단련하면 그뿐입니다. 고전이 그런 장소를 제공하기에 이용할 뿐이지, 고전 말고 다른 방법도 많습니다.

언덕길을 어렵게 오르는 수레를 미는 행동은 고전 읽기보다 더 강하게 정신의 근육을 단련시킬 것입니다. 하지만 고전을 읽고 수레도 민다면 더욱 좋지 않을까요? 그런 근육을 얻으면 어디서든 자연스레 쓸 수 있습니다. 또한 정신의 근육은 쓰면 쓸수록 강해지기에 가면 갈수록 편해지는 것이 도의의 길입니다.

2008년 여름 저와 우리 삼대 온 가족이 동해의 해수욕장에서 직접 목격한 일입니다. 어떤 아빠가 바닷가에서 일광욕을 즐기고 있었습니다. 적당한 파도가 누워 있는 그 아빠의 발목에 닿았다 멀어졌다 하는 광경이었지요.

　그때 파도가 점점 거세지더니, 급기야 제법 큰 파도가 일어 아빠 쪽으로 밀려가 몸을 덮었습니다. 파도가 들이칠 때, 조금 떨어진 곳에서 모래 놀이를 하고 있던 세 살 아이가 소리를 지르며 아빠에게 달려가다가 파도 바로 앞에서 그만 털썩 앉았습니다. 그렇지만 다시 일어나 파도가 슬쩍 밀려날 때 아이는 지체 없이 아빠의 팔을 잡아끌었지요. 얼굴이 새파랗게 질려서요. 일어난 아빠는 아이를 안고 그윽한 미소를 짓더군요.

　그러니 감히 누가 부정할 수 있겠습니까? 벌거숭이의 몸에 벌써 자신의 몸보다 수십 배는 큰 파도에 맞서 남을 지켜 낼 힘이 숨어 있다는 것을요. 아쉽게도 맹자 선생이 선수를 쳐서 이런 취지의 말을 했다고 하네요.

"인의(仁義)란 말하자면 안락한 집과 넓은 길이다. 안락한 집과 넓은 길을 버릴 필요가 있는가?"

힘들이지 않고 히말라야를 넘는 검은 독수리를 보십시오. 그 눈과 날개가 바로 도와 의입니다. 바람은 언제나 불 테니, 날개 있는 짐승은 산마루를 두려워하지 않습니다.

2016년 중국 상하이에서
공원국

| 차 례 |

2장. 의리(義理)를 찾아서

춘추전국시대란? 불후(不朽)의 거울

흔히들 극심한 분열과 경쟁 상황을 가리켜 춘추전국시대라는 말을 쓴다. 춘추전국시대는 공자가 편찬한 《춘추(春秋)》와 유향(劉向)이 편찬한 《전국책(戰國策)》 두 책에서 이름을 취했다고 전한다. 대개 기원전 770년 주(周)나라가 융(戎)이라는 서방 민족에 밀려 오늘날의 낙양으로 옮겨 간 해를 춘추시대의 시작으로 보고, 기원전 221년 진(秦)에 의해 천하가 통일된 때를 전국시대의 종결 시점으로 본다. 이는 대략 550년 동안 수많은 나라가 서로 싸우던 상쟁의 시기였다.

그러나 필자가 쓴 역사 시리즈인 《춘추전국이야기》(역사의아침 펴냄)에서 이미 밝혔듯이, 필자는 진나라가 다시 분열하고 한(漢)이 재통일하는 시점까지 전국시대의 연장으로 보았다. 비록 진이 통일했지만 진의 천하는 오래 지속되지 못했다. 진에게 패망한 나라들이 다시 살아나 전국시대 말기 이상의 투쟁이 재개되기 때문이다.

춘추 수백 개의 나라들이 격렬한 겸병 과정을 거쳐 전국7웅이라 불리는 열강으로 수렴된다. 경쟁에서 패하면 나라를 잃어야 했기 때문에 각국은 승리를 위한 모든 수단을 강구했다. 이기기 위해 군사·행정·경제 면에서 온갖 개혁을 시행하며 국가는 덩치를 키워 나갔다. 그 과정에서 각자 치국의 방략을 제시하면서 군주들에게 유세하던 이들이 바로 제자백가(諸子百家)다. 혹자는 인의의 정치를 주장하고 혹자는 혹독한 법과 강한 군대를 강조했지만, 최종 목표는 대개 경쟁에서 살아남는 방안을 찾는 것이었다. 이렇게 중국 철학의 기반을 낳은 제자백가는 처음부터 현실적이었다.

필자는 20세기 공화혁명과 공산주의혁명 이전의 중국의 뼈대는 전국시대 말기에 이미 완성되었다고 본다. 먼저 중앙과 지방의 통치 체제는 그 이후로 그다지 변하지 않았다. 예컨대 오늘날 대부분의 행정구역이 이미 진나라 때 완성되었다. 관명(官名)이나 역할 또한 시대를 달리하면서 변주가 있었지만 크게 달라지지 않았다. 토지 관리 방식이나 징세 따위의 제도도 그 시절에 이미 완성되었고, 철학은 유학의 국교화로 인해 오히려 그 시절보다 퇴보할 지경이었다.

전쟁을 수행하고 생산을 장려하기 위해 과학기술도 혁명적으로 발달했다. 북방의 초원지대와 남방의 소위 중화세계가 대립하는 이

원적인 세계관이 만들어진 것도 바로 그때였다. 그 시절은 말 그대로 중국의 뼈대가 만들어지는 과정이었다.

격동의 시기, 전쟁과 생산에 동원된 인민들의 고충은 말할 수 없이 컸다. 중국 송나라 역사가이자 정치가인 사마광(司馬光)은《자치통감(資治通鑑)》을 쓰면서 전국시대에 "인민들이 다 닳아 없어질 정도로" 싸웠다고 한탄했다. 특히 전국 중기부터 진이 자행한 대량 살육전으로 인해 한 번의 전투에서 수만 혹은 십만 이상이 살해되었다. 이렇게 삶과 죽음이 공존하는 상황에서 사람들은 숨기려야 숨길 수 없는 적나라한 민낯을 드러낸다.

음모가들이 판을 쳤지만 여전히 이상주의를 포기하지 않는 지식인들이 고군분투했고, 위기에 처하면 자기 몸만 챙기는 자가 있는 반면 창칼 앞에서도 뜻을 굽히지 않는 지사가 있었다. 남을 해치는 것을 존재의 이유로 삼는 자와 인(仁)을 이루기 위해 자기 몸도 희생하는 사람이 있었다.

어떤 이는 시대를 끌고 가고 어떤 이는 시대에 영합하고 어떤 이는 시대를 외면했다. 하지만 기록된 모든 인물과 사건이 싫든 좋든 모두 명징한 거울이었다. 그 거울 앞에 서면 끊임없이 스스로를 돌아보며 되물을 수밖에 없다.

인간이란 과연 어떤 존재인가? 우리 사회를 어떻게 운영할 것인가? 나는 어떻게 살 것인가?

인간으로 태어난 이상 이 질문들을 버릴 수 없다. 이는 인류와 함께 영원히 지속된 소위 불후(不朽)의 화두이며, 그 시절은 이 화두를 비추는 불후의 거울이다. 춘추전국시대라는 오래된 거울로 나를 비추듯이 스스로가 남을 비추는 거울임을 자각한다면 우리 모두가 불후의 삶을 살게 되지 않을까?

인물로 본 춘추전국 : 춘추5패와 전국7웅

춘추시대 수백 개 나라 가운데서도 패권을 쥐었던 다섯 나라의 제후를 춘추5패라 부른다. 나라 간 혹은 제후 간에 맺는 회합이나 맹약을 회맹(會盟)이라 하며, 회맹의 맹주(盟主)가 된 자를 패자(覇者)라 한다. 다시 말해 패자란 여러 나라 사이에서 질서를 잡아 주는 이를 말한다.

이 책에 등장하는 춘추5패와 관련 인물들을 간략히 소개하면 다음과 같다. 3대 패자는 명확하지만 4대와 5대는 의견이 분분하다. 이미 전국시대로 접어들어 회맹과 그 맹주의 의미가 퇴색했기 때문이다.

1대 패자 제환공(齊桓公): 관중, 포숙, 습붕

2대 패자 진문공(晉文公): 여희, 신생, 이오, 호언

　　　　　　　　　　　　진나라 사회, 사섭, 위과, 조전, 순임보,

　　　　　　　　　　　　봉대부, 진도공, 악사 광, 극주

3대 패자 초장왕(楚莊王): 신숙시, 굴무, 굴탕, 손숙오, 자반,

　　　　　　　　　　　　초공왕

　　　　　　　　　　　　초나라 비무극, 오사, 극완, 초평왕

4대 패자 오왕(吳王) 합려(闔閭): 오원(오자서), 오왕 부차, 서시

5대 패자 월왕(越王) 구천(勾踐): 범려

한편 진목공(秦穆公), 송양공(宋襄公)이나 오왕(吳王) 부차(夫差) 등을 춘추5패로 꼽는 경우도 있다. 춘추5패 외에 이 책에 등장하는 나라와 인물은 다음과 같다.

노(魯)나라(노장공, 조홰, 성백, 시효숙), 정(鄭)나라(자산, 연명), 진(陳)나라(하희, 진영공, 공녕, 의행보, 설야, 하징서), 진(秦)나라(두회, 진목공).

전국시대에는 수백의 제후가 주(周)나라를 제외한 일곱 나라로 통합된다. 기원전 403년 진(晉)의 대부였던 조(趙)·위(魏)·한(韓) 세 가문이 주 왕실로부터 정식 제후로 공인받은 후, 진(秦)의 시황제가 중국을 통일할 때까지 멸망하지 않고 살아남은 일곱 국가인 진

(秦)·조(趙)·위(魏)·한(韓)·제(齊)·연(燕)·초(楚)를 전국7웅이라 칭한다. 이 책에 등장하는 인물들은 다음과 같다.

　　진(秦)나라 : 상앙(위(衛)⇨위(魏)⇨진), 범저(범수, 위(魏)⇨진),
　　　　　　　백기, 여불위(조(趙)⇨진), 영이인(장양왕), 영정(진
　　　　　　　시황), 노애
　　위(魏)나라 : 공자앙, 위제, 수가, 문후, 서문표
　　조(趙)나라 : 조무휼, (예양), 평원군, 염파, 조괄
　　한(韓)나라 : 엄수, 풍정
　　제(齊)나라 : 섭정, 감무(초⇨진(秦)⇨제), 소대, 맹상군, 풍훤
　　연(燕)나라 : 형가(위(衛)⇨연), 고점리, 태자 단,
　　　　　　　번오기(진(秦)⇨연), 진무양
　　초(楚)나라 : 굴원

　여기에 나열된 나라별, 시대별 인물들 중에는 제후도, 관리도, 장수도, 학자도, 평민도 있으며 선인도 악인도, 용감한 자도 비겁한 자도, 현명한 자도 어리석은 자도 있다. 이어지는 본문의 내용을 읽고, 혹은 여러분 자신의 기준에 따라 누가 어떤 이인지 가려 보시길.

춘추 말기(전국 중기)

지도로 본 춘추전국 : 열국의 위치와 크기, 주요 전투와 전술

여러 나라가 흥망성쇠를 반복함에 따라 영토의 크기와 국경이 끊임 없이 바뀌었지만, 춘추시대에는 크게 중원에 진(晉), 동쪽에 제(齊), 서쪽에 진(秦), 남쪽에 초(楚), 남동쪽 변방에 오(吳), 월(越)이 위치 하는 구도를 이루었으며, 북동쪽 변방에 연(燕), 중원의 진(晉) 주변 에 정(鄭), 위(衛), 노(魯), 송(宋) 등 약소국들이 위치했다.

진(晉)이 조(趙), 위(魏), 한(韓) 3국으로 나누어지면서 전국시대 가 시작되었고, 진(秦)이 통일할 때까지 앞서 말한 일곱 나라로 수렴 된다.

참고로 춘추시대 패권의 판도를 바꾼 주요 전쟁을 춘추 5대전이라 한다. 진(晉)문공이 초성왕의 대원수 성득신을 물리치며 패자로 올라선 성복대전(기원전 632년), 진(晉)양공과 진(秦)목공 사이에서 벌어진 효산전투(기원전 627년), 진(晉)나라 경공을 이기며 초장왕을 패자로 만든 필(邲)의 전투(기원전 597년)와 진(晉)여공이 초공왕을 애꾸눈으로 만들며 이긴 언릉전투(기원전 575년), 오자서와 손무가 오왕 합려를 권좌에 앉힌 후 초나라를 친 한수대전(오초대전, 기원전 506년)이 바로 그것이다. 이들 전투의 승패에 따라 나라 간 주도권과 영향력에 변화가 생겼다.

한편, 전국시대에는 합종책과 연횡책이라는 전술에 따라 나라들이 이합집산을 꾀했다. 합종연횡이란 최강국인 진(秦)과 연(燕)·제(齊)·초(楚)·한(韓)·위(魏)·조(趙) 6국 사이의 외교 전술을 말한다.

기원전 4세기 말 여러 나라에 유세하고 있던 소진(蘇秦)은 우선 연에게, 이어서 다른 5국에게 '진 밑에서 쇠꼬리가 되기보다는 차라리 닭의 머리가 되자'고 설득하여, 6국을 종적(縱, 남북)으로 연합시켜 서쪽의 강대한 진나라와 대결할 공수동맹을 맺도록 하였다. 이것을 합종(合縱)이라 한다.

후에 위나라 출신으로 진나라에 출사한 장의(張儀)는 합종은 일시적 허식에 지나지 않으며 진을 섬겨야 한다고 6국을 돌며 설득하여 진이 6국과 개별로 횡적(橫, 동서) 동맹을 맺는 데 성공하였다. 이

것을 연횡(連衡)이라고 한다. 이어서 진(秦)은 모사 범저의 계책에 따라 원교근공(遠交近攻, 먼 나라와는 친교를 맺고 가까운 나라를 친다)의 전략을 취해서 외교정책을 더 명확히 한다. 진은 원교근공책으로 합종을 타파한 뒤 6국을 차례로 멸망시켜 중국을 통일하였다.

춘추전국 이야기의 출전

《춘추좌전(春秋左傳)》

《춘추좌씨전》《좌씨춘추》《좌씨전》《좌전》이라고도 부른다. 공자가 지은 춘추시대 노(魯)나라의 역사책인 《춘추(春秋)》를 해설한 책으로, 노(魯)의 유학자이자 사학자인 좌구명(左丘明)이 지은 것으로 알려져 있다. 노의 은공(隱公) 원년(기원전 722년)부터 노의 애공(哀公) 27년(기원전 468년)에 이르는 254년 동안의 춘추열국(春秋列國)의 역사를 기록하고 있다.

《여씨춘추(呂氏春秋)》

중국 진(秦)나라 때의 사론서(史論書). 진나라의 정치가 여불위(呂不韋)가 빈객(賓客) 3,000명을 모아서 편찬하였다. 전국시대 말기 제자백가의 사상을 8람(覽), 6론(論), 12기(紀)로 분류하여 수록했는데, 수록량은 유가(儒家), 법가(法家), 노장가(老莊家) 순이다.

《국어(國語)》

춘추시대 8국의 역사를 나라별로 적은 책. 좌구명이 《춘추좌전》을
쓰기 위해 각국의 역사를 모아 기록한 것이라 추측하기도 한다. 《춘
추좌전》과 더불어 가장 원시적인 사료로 인정된다.

《사기(史記)》

중국 전한(前漢)시대의 역사가 사마천(司馬遷)이 상고시대 오제(五
帝) 때부터 한나라 무제 태초년간(기원전 104~101년)까지의 중국과
그 주변 민족의 역사를 포괄하여 저술한 통사. 본기, 표, 서, 세가, 열
전의 5부로 구성되어 있다. 생동감 있는 인물 묘사로 높은 문학성까
지 인정받고 있다.

《전국책(戰國策)》

중국 전한(前漢)시대의 학자 유향(劉向)이 전국시대 제후국 전략가
들의 정치, 군사, 외교 책략을 모아 기록한 것을 후대에 보정하였다.
믿을 수 없는 기사들이 다수 수록되어 있지만, 전국시대를 묘사한
드문 기록으로서, 《사기》의 전국시대 서술 부분의 저본 역할을 했다.

1장.

도리道理를
찾아서

선으로
사람을 기르면

: 관포지교 그 뒷이야기

시인 두보는 〈가난한 사귐(貧交行)〉이라는 노래에서 관중과 포숙의
사귐을 이렇게 읊었다.

　　흩날리듯 경박한 사람들 어찌 다 세어 보랴
　　그대는 보지 못했는가, 가난한 시절 관중과 포숙의 사귐을
　　지금 사람들은 이 도를 흙같이 버리누나

　　사자성어 '관포지교(管鮑之交, 관중과 포숙의 사귐)'의 주인공 관중

(管仲)은 기원전 7세기 춘추시대 중국 제(齊)나라의 명재상이었다. 때는 오늘날의 중국 같은 통일 국가가 등장하기 전으로, 여러 나라가 무던히도 어울려 싸우던 시절이었다. 관중은 이런 난세에 정치를 맡아 군주 환공(桓公)을 보좌해 제나라를 당대에 가장 부강한 국가로 만들었다. 또한 어지러이 싸우던 여러 나라의 이해관계를 조정하여 안정된 질서를 구축했다. 그 덕분에 사람들은 잠시나마 전쟁의 괴로움에서 벗어날 수 있었다. 이렇게 여러 나라 사이에서 질서를 잡아 주는 이를 패자(覇者)라고 불렀는데, 환공은 관중 덕에 초대 패자가 되었다.

그런데 관중이 출세할 수 있었던 것은 다 포숙(鮑叔)이라는 친구 덕이었다. 관중은 젊은 시절 이것저것 다 해봤지만 모두 실패했고, 그때마다 포숙의 도움을 받아 재기했다. 함께 장사를 할 때 항상 관중이 수익을 더 많이 가져갔지만 포숙은 "관중이 가난해서 그렇다"며 용서했다. 포숙이 추천하여 관중이 벼슬자리에 나섰다 쫓겨났을 때도 "아직은 때가 아니라서 그렇다"고 다독일 뿐 아니라, 심지어 관중이 전쟁에서 혼자 살겠다고 도망쳐 와도 겁쟁이라고 하지 않고 "늙으신 어머니 때문"이라며 두둔했다. 포숙은 관중의 영원한 후원자였다. 이 일로 보면 관중은 뻔뻔하고 포숙은 지극히 착해 보인다.

그런데 공자는 《논어》에서 관중을 평가하여 "누가 그만큼 어질겠느냐, 누가 그럴 수 있겠느냐?"라고 말한다. 공자가 말하는 관중의

착함이란 어떤 것일까?

둘은 처음부터 친구였지만 포숙이 먼저 출세했다. 포숙은 나중에 환공이 되는 소백(小白)을 모셨지만 관중은 소백의 형 규(糾)를 모시고 있었다. 마침 부왕이 죽고 소백과 규 사이에 군주 계승 다툼이 벌어졌다. 관중은 자기 주인 규를 군주로 세우려고 환공에게 화살을 날렸다. 화살은 적중했고 관중은 유유히 제나라 수도로 들어갔다.

그러나 적중한 줄 알았던 관중의 화살은 환공의 허리띠쇠를 맞혔을 뿐이었다. 그리하여 그는 거꾸로 포로가 되어 환공에게 끌려왔다. 그 당시 법에 의하면 관중은 당연히 사형감이었다. 감히 군주를 살해하려 한 자가 아니던가. 그러나 포숙만은 관중을 극구 두둔하고 오히려 그를 등용하라고 했다.

"우리 제나라를 다스리려면 저 포숙으로도 충분하지만 장차 온 천하를 다스리려면 반드시 관중이 필요합니다."

환공은 포숙의 사람됨을 믿었다. 그리하여 원한을 풀고 극진한 대우를 하며 포로 신분의 관중을 등용했더니 정말 나라는 나날이 커지고 부유해졌다. 그래서 역사가들은 관중의 정치를 평가하면서 '한 번 움직여 천하를 바로잡았다(一匡天下)'고 극찬했다. 훗날 관중은 "나를 낳아 준 이는 부모지만 나를 알아준 이는 포숙이다"라고 감사의 마음을 드러냈다. 그래서 변함없는 우정을 관포지교라 부른다.

관포지교는 여기에 멈추지 않고 더 이어진다. 착한 포숙은 관중의 말이라면 무조건 믿었다. 한편 관중은 포숙을 진정으로 아꼈기에 포숙의 장점과 약점도 꿰고 있었다. 명재상 관중이 병이 들어 죽음을 앞두게 되자 그에게 전적으로 의지하던 환공은 어찌할 바를 몰랐다. 그때 환공은 관중을 높여 '작은아버지(仲父)'라 불렀다.

"작은아버지께서 정말로 돌아가시면 저는 누구에게 정치를 맡길까요?"

관중은 대답 없이 생각에 빠져 있었다. 환공이 다시 물었다.

"포숙이라면 어떨까요?"

관중이 의외로 이렇게 대답했다.

"포숙은 너무 청렴한 군자여서 천승의 나라를 준다 해도 정당하지 않으면 받지 않을 것입니다. 그래서 그는 정치를 할 수 없습니다. 그이는 선을 좋아하지만 악을 지나치게 미워합니다. 그래서 남의 조그마한 악행도 평생토록 잊지 않습니다."

관중은 평생지기인 포숙이 착해서 오히려 나라를 이끌어 가기에 부족하다고 말했다. 환공이 다시 물었다. "그럼 누구면 될까요?" 관중이 추천한 사람은 습붕(隰朋)이라는 이였다. 그는 어떤 사람일까?

"그 사람은 잘 알면서도 남에게 묻기를 좋아합니다. 제가 듣기로 '착함으로써 남을 이기려 하면(以善勝人) 아무도 승복시킬 수 없고, 착함으로 남을 기르면(以善養人) 승복 못 시킬 이가 없다'고 합니다. 그 사람은 집에서든 조정에서든 남몰래 덕을 베풉니다. 한때 그이가

옛 거울에 나를 비추다

길에 나앉은 가구 오십을 구해 주었는데도 도움을 받은 사람들은 누가 구해 주었는지도 몰랐다고 합니다. 이토록 크게 어진 이가 바로 습붕입니다."

이것이 바로 '선한 양치기' 관중의 유언이었다. 착한 행동이라도 남을 위할 때는 몰래 해야 하거늘, 내가 옳다고 남의 잘못을 호되게 꾸짖으면 그 사람이 올바른 길로 들어설 것인가? '나쁜 사람'으로 낙인찍히는 순간 사람들은 대개 모욕을 느껴서 오히려 반항한다. '그래 나는 나쁜 사람이다. 그런 너는 얼마나 착하냐?' 그는 결국 마음으로 승복하지 않는다.

습붕과 포숙의 차이는 어디에서 또 드러날까? 관중의 말은 이어진다.

"포숙은 정직하기에 굽힐 줄을 모르고, 손재(孫在, 훌륭하다 이름난 제나라의 대신)는 말재주가 있지만 침묵할 줄 모릅니다. 신이 듣기로, 백성과 함께하면서 굽힐 때는 굽히고 침묵할 때는 침묵해야 국가가 안녕하다 합니다. 습붕이라면 그렇게 할 수 있습니다."

관중의 말은 부정직해도 된다거나 불의에 침묵하라는 뜻이 아니다. 면전에서 이기려 하지 말고 남몰래 인도하고 말로 꺾지 말로 행동으로 승복시키라는 것이다. 한 배에 탄 사람들은 이길 대상이 아니라 기를 대상이다.

훌륭한 양치기는 양 떼를 이리저리 끌고 다니지 않고 그저 옆에

서 묵묵히 길러 준다. 서로가 서로에게 선한 양치기가 되어 묵묵히
길러 주는 꿈을 꿔본다.

관포지교(管鮑之交) 관중과 포숙의 사귐. 변치 않는 참된 우정을 이름.
일광천하(一匡天下) 한 번 움직여 천하를 바로잡다. 관중의 정치를 평가한 말.
이선승인자, 미유능복인자야. 이선양인자, 미유불복인자야(以善勝人者, 未有能服人者也. 以
善養人者, 未有不服人者也) 착함으로써 남을 이기려 하면 아무도 승복시킬 수 없고, 착함으로
남을 기르면 승복 못 시킬 이가 없다. _《관자(管子)》〈계(戒)〉
| 《맹자》〈이루 하(離婁 下)〉 편에도 비슷한 내용이 나온다.
이선복인자, 미유능복인자야 ; 이선양인, 연후능복천하(以善服人者, 未有能服人者也 ; 以善
養人, 然後能服天下) 착함으로써 남을 굴복시키려 하면 아무도 승복시킬 수 없고, 착함으로써
남을 기른 연후에야 천하를 승복시킬 수 있다.

옛 거울에 나를 비추다

천천히
즐기며 가도
좋지 않은가

: 진문공의 19년 방랑 생활

춘추 제2대 패자(覇者) 진문공(晉文公) 중이(重耳)는 기구한 생을 살았다. 중년에 고국에서 쫓겨나 무려 19년을 외국에서 나그네 생활을 했고, 돌아오니 이미 환갑을 훌쩍 넘긴 노인의 몸이었다. 10년이면 강산도 변한다는데 외국에서 20년 가까이 떠돌던 이가 어떻게 다시 고국으로 돌아와 자리를 잡을 수 있었을까? 아마도 그것은 웃음과 여유 덕분이었을 것이다. 중이의 오디세이에 숨은 웃음과 여유를 찾아보자.

중이의 아버지 헌공은 권력을 유지하기 위해서라면 혈육도 치는 냉혈한이었다. 늦게 얻은 여인 여희가 아들을 낳자 기어이 사달이 벌어졌다. 여희는 자기 아들을 후계자로 세우기 위해 장년의 공자들을 제거할 음모를 세웠다. 당시 태자는 신생이었고, 아래로 동생 중이와 이오가 있었다. 음흉한 여희는 신생이 보낸 제육에 몰래 독을 타고는 헌공에게 '신생이 독을 탔다'고 모함했다. 태자 신생은 음모를 벗어날 길이 없어 보이자 외국으로 달아나라는 사람들의 권유를 뿌리쳤다. "내가 변명하면 여희가 죽겠지요. 아버지께서는 이제 늙어 여희가 없으면 잠도 주무시지 못합니다." 이리하여 신생은 스스로 목숨을 끊었다.

여희의 참소는 끊이지 않았다. "중이와 이오도 신생의 음모를 알고 있었습니다." 여희와 한통속이 된 냉혹한 아버지는 자객 발제를 보내 중이를 죽이라 하고 군대를 보내 이오를 치라 했다.

중이는 아버지에게 대항하기도 싫고 형처럼 죽기도 싫었다. 자객이 나타나자 그는 그냥 보통 사람의 선택을 한다. "아버지께서 보낸 이다. 그대들은 대항하지 마라." 부하들에게 이렇게 말하고는 체면 불고하고 담을 넘어 이민족의 나라인 적(狄)으로 도망쳤다. 동생 이오도 무사히 탈출했다.

그러던 차에 헌공이 죽자 대신들이 난을 일으켜 여희와 그 어린 아들을 죽였다. 이제는 중이와 이오, 둘 중 먼저 돌아오는 이가 군주가 될 판이었다. 이오는 뇌물을 써서 강한 진(秦)나라를 후원자로 삼고 귀국을 서둘렀다. 그러나 본국에서 온 사자 앞에서 중이가 한 대답은 뜻밖이었다. "아버지 살아 계실 때 모시지 못했고, 돌아가신 후에 상도 치르지 못했습니다. 여러분께서 백성을 잘 이끌 사람을 세우십시오. 저는 감히 사양하겠습니다."

중이가 과연 욕심이 없었을까? 그도 야망이 있었다. 그렇지만 아버지의 죽음을 기회로 쓰고 싶은 생각이 없었다. 그리하여 동생 이오가 군주의 자리를 이었다. 그런데 이오는 형이 살아 있는 것이 거슬려서 또 자객 발제를 불렀다. 동생이 자기를 죽이려 한다는 것을 안 중이는 다시 달아나기로 결심한다. 군주의 자리고 뭐고 일단 살아야 하지 않겠는가?

달아나기 직전에 그는 부인에게 이런 이야기를 한다. 나이 마흔이 넘어 망명지에서 얻은 후처였지만 둘은 금슬이 무척 좋았던 듯하다.

"25년 동안 기다려도 내가 돌아오지 않으면 재가하시오."

그러자 부인이 웃으며 대답한다.

"제 나이 스물다섯입니다. 25년을 기다리면 그때는 관에 들어갈 때겠군요. 그냥 기다리겠습니다."

둘의 대화는 사랑함에도 헤어져야 하는 사람들의 농담이다. 그때 중이의 나이 쉰다섯이었으니 25년 후면 그도 저승에 있을 것이다. 중이는 '내가 죽을 때까지 기다려 주시오' 하고, 부인은 '어차피

기다릴 수밖에 없습니다' 대답한 셈이다. 중이는 이제 동쪽 패자의 땅 제나라로 떠난다.

제나라의 군주 환공은 중이가 마음에 들어 공실(公室, 제후의 집안)의 여인을 시집보냈다. 중이는 새로 얻은 부인이 마음에 들었다. 급기야 이렇게 선언한다. "이제 나는 제나라에서 살겠다. 더 바라는 것도 없다." 그런데 2년 후 환공이 죽자 제나라에 또 사달이 났다. 모리배들이 작당해서 난리를 일으켰고 이웃 나라들도 수시로 침공했다. 그래도 중이는 떠나고 싶지 않았다.

그러나 따르는 이들의 생각은 달랐다. 그들은 고국에 터전을 둔 명문가의 자제로 외국에서 속절없이 늙는 것을 참을 수 없었다. 이들은 몰래 제나라를 떠날 상의를 했다. 새 부인도 배짱 있는 사람이었다. 부인이 먼저 중이에게 말한다.

"당신은 사방을 호령할 뜻이 있으나 여기 머무르면 가망이 없습니다. 떠나시지요."

"그럴 마음이 없소이다."

"예전에 관중이 이렇게 말했습니다. '위엄을 병처럼 두려워하는 이(높은 위치에 오른 것을 병을 얻은 것처럼 두려워하는 이, 높은 자리를 얻으면 더욱 경계하는 이)가 최상이요, 편안할 때 위엄(자신의 위치)을 재고하는 이가 중간이요, 편안함만 찾아 위엄을 내팽개치는 이는 하등이다.'

옛 거울에 나를 비추다

덜떨어진 이의 길을 가려 하다니요? 우리나라는 쇠했습니다. 당신을 따르는 사람들은 충성스럽고 시기도 무르익었으니 빨리 떠나야 합니다."

그럼에도 중이가 요지부동이자 부인과 외삼촌 호언은 잔꾀를 생각해 냈다. 부인은 중이에게 술을 잔뜩 먹였다. 측근들은 취한 그를 수레에 싣고 서쪽으로 달렸다. 수레 안에서 술이 깬 중이는 상황을 알아차리고 대뜸 창을 잡은 채 호언을 쫓아가며 이런 소리를 한다.

"일이 안되면 외삼촌의 살코기를 실컷 먹을 테요. 내가 고기에 물릴 줄 아십니까?"

호언은 달아나면서 대꾸했다.

"일이 안되면 나야 어디서 죽을지도 모르는데 누가 늑대를 쫓아가며 내 고기를 먹을 것이오? 일이 잘되면 공자는 부드러운 고기에 달콤한 음식만 먹을 텐데, 비리고 누린내 나는 고기를 먹겠소?"

물론 중이가 충직한 외삼촌을 죽일 리가 없다. 이들은 지금 한바탕 노는 중이다. 그들은 이렇게 망명 중에도 여유를 잃지 않았다.

이번에는 초나라로 갔는데, 초성왕은 중늙은이 망명객이 마음에 들었다. 그래서 그의 귀국을 돕겠다는 뜻을 피력했다.

"공자께서 귀국하여 군주가 되시면 무엇으로 보답하시려오?"

중이는 즉답을 피했다. 그래도 계속 묻자 이렇게 대답한다.

"훗날 초나라와 중원에서 맞닥뜨릴 때 30리씩 세 번 물러나겠습니다."

이 무슨 뚱딴지같은 소리란 말인가? 벌써 군주가 된 듯이 말하며 건방지게 싸움에서 몇 번 물러나 주겠다고? 초나라 재상이 화가 나서 말했다.

"저 공자를 죽이시지요. 장차 우리나라에 화가 될 것입니다."

그러나 성왕은 대범한 대답이 더 마음에 들었다. "저이를 죽인다고 그쪽에 군주 될 사람이 없겠소. 공자는 인물이오. 곤경에 빠져서도 아첨하지 않으니. 하늘이 세우려는데 누가 막겠소."

중이는 결국 귀국하여 군주가 되었고 당장 실력을 발휘하여 고국 진(晉)나라를 패자의 나라로 만들었다. 저성장 시대, 희망을 버리고 자살하는 청년들의 이야기가 심심찮게 들린다. 모두 여유와 웃음을 잃지 않고 난관을 돌파하길 기원한다.

고진감래(苦盡甘來) 쓴 것이 다하면 단 것이 온다. 고생 끝에 즐거움이 온다는 뜻.
성복대전(城濮大戰) 기원전 632년 초나라와 진나라가 성복 지역에서 패권을 다툰 전투로 춘추 5대전의 하나로 일컬어진다. 여기서 진문공은 망명시절 은인인 초성왕에게 약속한 대로 90리를 후퇴한다. 이 전투의 승리로 진문공은 춘추 2대 패자로 올라서게 된다.

자포자기냐
전화위복이냐

: 제환공과 시효숙의 비슷한 시작 다른 결말

시작은 은근히 비슷하지만 결과는 판이하게 다른 두 이야기가 있다. 이야기의 주인공은 당장의 위기를 모면하려 위협에 굴복한 두 사내다. 그러나 한 사나이는 천하의 위인으로 숭상되고 한 사나이는 천하의 못난이로 비웃음거리가 되었다. 어떤 이유로 그런 차이가 생겼을까?

《여씨춘추》는 춘추의 초대 패자 제환공이 맛본 낭패를 이렇게 기록하고 있다.

환공은 천하를 주무를 야망이 있었기에 먼저 가까운 노(魯)나라를 굴복시키려 했다. 힘이 달린 노나라 장공(莊公)은 땅을 제나라에 떼어 주고 속국의 예로 굴복하겠다며 화친을 청했다. 그때 조홰(曹劌)라는 강경파가 노장공에게 권했다.

"군주께서 신의 말씀을 듣는다면 나라는 분명 넓어지고 몸은 분명 안락해질 것입니다. 이것이 살고 거듭 사는 것입니다. 그러나 군주께서 듣지 않으신다면 필시 나라는 멸망하고 몸은 치욕을 당할 것이니 이것이 죽고 또 죽는 것입니다."

노장공은 고개를 끄덕이며 조홰의 말을 따르기로 했다.

얼마 후 두 나라는 화친의 회맹장에서 만났다. 제나라 측에서는 환공을 관중과 포숙이 보좌하고 노나라 측에서는 장공을 조홰가 보좌했다. 군주가 만나 삽혈을 하고 맹세의 피를 바르고 문서를 주고받으면 행사는 끝난다. 그런데 갑자기 회맹의 대에 오른 노장공이 왼손으로 제환공을 잡고 오른손으로는 칼을 쑥 뽑아 자기 목을 겨누며 위협했다.

"우리 도성은 국경에서 수백 리인데 나는 이미 국경 밖으로 오십 리나 나왔으니 살아날 방도는 없습니다. 어차피 죽을 바라면 군주(제환공)의 면전에서 죽겠습니다."

관중과 포숙이 놀라 대로 올라가려 하자 조홰가 칼을 뽑아서 위협했다.

옛 거울에 나를 비추다

"두 군주께서 양국 지도를 고치려 하니 아무도 나서지 마시오."

장공도 이어 위협했다. "문수(汶水, 산동성에 있는 강 이름)를 경계로 하지 않는다면 죽음을 청합니다."

그야말로 목숨을 걸겠으니 땅을 줄 수 없다는 태도였다.

홀가분한 마음으로 나온 맹약 장소에서 위협을 당하니 환공으로서는 기가 찰 노릇이었다. 관중의 설득으로 땅을 돌려주기로 하고 회맹을 끝냈으나 제환공은 분해서 약속을 지키지 않으려 했다. 그러자 관중이 다시 설득했다.

"저들이 위협으로 나올 줄 미리 몰랐으니 군주께서 지혜롭지 못한 것이요, 어려움에 처했다고 저들의 청을 거절하지 못했으니 용감하지 못한 것인데, 일단 준다고 해놓고 주지 않는다면 이는 신의마저 없는 것입니다. 이 셋이 없으면 공을 세울 수가 없습니다. 약속을 지키면 땅이야 잃겠지만 신의는 얻을 수 있습니다."

사실 강요에 의한 맹세는 지킬 필요가 없다. 그러나 관중은 못난이나 겁쟁이가 되느니 차라리 땅을 포기하자고 요청한 것이다. 과연 그 후로 환공의 위세는 나날이 커졌다.

이제 《춘추좌전》에 나오는 또 다른 사나이의 이야기를 들어 보자. 앞선 사건이 벌어진 지 몇 십 년 후, 노나라에서 일어난 일이다. 그때 천하의 최강국은 진(晉)나라였고, 그중에도 극씨(郤氏) 가문의 위세가 컸다. 극씨 가문의 총아인 극주(郤犨)가 노나라 공족인 성백(聲伯)의 가문에서 부인을 맞고 싶다고 했다. 성백은 이미 시집을 보낸 누이동생을 남편 시효숙(施孝叔)에게서 빼앗아 극주에게 시집보내려 했다. 부인이 남편에게 애원했다.

"새나 짐승이라도 자기 짝은 잃지 않는 법인데 당신은 장차 어찌 할 생각이신지요?"

시효숙은 겁쟁이라 힘센 가문을 상대로 거절할 엄두가 나지 않았다. "나는 어쨌든 살아야겠소."

이리하여 시효숙은 부인을 포기했다.

부인은 극주에게 시집가서 아이 둘을 낳았는데, 당시는 난세라 극주의 가문이 그만 모반 혐의를 받아 망하고 말았다. 진나라 사람들이 당시 예법에 따라 이 불쌍한 노나라 여인을 본국으로 돌려보냈다. 물론 시효숙의 집으로 돌아가는 것이다. 시효숙이 전 부인을 다시 맞으러 황하로 나갔다. 그런데 옛 부인을 맞아서는 어린 두 아이를 황하에 빠트려 죽였다.

처참해진 옛 부인은 그를 보며 쏘아붙였다.

"이전에는 자기 배필도 지키지 못하더니, 이제 남(극주)의 고아도 기르지 못하고 죽여 버리는군요. 장차 당신 같은 사람하고 어찌 해로하겠습니까?"

그러고는 바로 이혼 서약을 했다.

옛 거울에 나를 비추다

《춘추좌전》처럼 주로 국가의 대사를 기록하는 근엄한 역사책이 왜 이 슬픈 여인을 기록했을까? 그것은 시효숙의 비루한 행동을 통해 당시의 사대부들을 깨우치려는 것이다. 그때는 여자들이 남자에 종속된 시절이었으니, 시효숙과 같은 행동을 해도 돌아갈 곳 없는 여인들은 참고 살았다. 멀리 볼 것도 없다. 조선시대 병자호란 당시 청으로 끌려갔다 돌아온 여인들을 '환향녀'라 하였는데, 자기 여인을 지키지 못한 사대부들은 적반하장 격으로 순결을 잃었다고 이들을 내쳤다. 시효숙 부인의 항거는 그래서 절실했다.

이제 다시 제환공과 시효숙의 태도를 돌아보자. 사실 제환공도 위협에 굴복했다. 그러나 그는 위협에 굴복한 것을 인정하고, 이 굴복을 오히려 신의로 바꾸었다. 만약 시효숙이 황하에서 옛 부인을 만나 "부인, 예전에는 내가 목숨을 버리지 못해 당신을 포기했소. 돌아오셨으니 이제 아이를 거두고 해로합시다" 했더라면 그도 아량이 있는 사람으로 살아갈 수 있었을 것이고, 천하의 의리 없는 인간으로 역사책에 이름을 올리지 않았을 것이다. 심지어 칭기즈 칸도 힘이 없어 자기 부인을 빼앗겼지만, 다시 찾아온 후에는 해로하지 않았는가?

세상에는 목숨을 내놓고 의를 실천하는 사람들이 있다. 그러나 그런 분들은 세상에 적어서 귀하고, 갑작스러운 위협 앞에서 우리 대부분은 임시방편을 쓴다. 하지만 위협 앞에 의연하기는 어려워도 위협이 사라진 상황에서 잃은 의를 되찾아올 수는 있지 않을까? 마치 제환공이 전화위복한 것처럼. 그러나 많은 사람이 위협에 굴복한 과거가 부끄러워 잃어버린 의를 되찾으려 하지 않고 엉뚱한 방향으로 달아난다. 마치 뺑소니범처럼.

이런 행동을 맹자는 자포자기라 했다. 제환공이 될 것인가, 시효숙이 될 것인가? 자포자기할 것인가, 전화위복할 것인가?

자포자기(自暴自棄) 절망에 빠져 자신을 스스로 포기하고 돌아보지 않음.
전화위복(轉禍爲福) 재앙과 화난이 바뀌어 오히려 복이 됨.

옛 거울에 나를 비추다

진정한 효란
무엇일까?

: 옳은 길을 찾아 어버이를 높인 사섭과 위과

《논어》〈자로〉편에 이런 이야기가 나온다. 초나라의 정치가인 섭공
(葉公)이 관할지의 정치를 논하다 공자에게 이렇게 말했다.

　　"우리 마을에 궁(躬)이라는 정직한 이가 있습니다. 아버지가 양
을 훔치니, 그가 (관청에서) 그 사실을 증언했습니다."

　　그러나 공자는 비판적인 평을 내놓는다.

　　"우리 마을의 정직한 이는 이와 다릅니다. 아버지는 아들을 위해
죄를 숨겨 주며 아들은 아버지를 위해 숨겨 주니, 그 안에 바로 정직
이 있습니다."

공자는 부모와 자식의 관계는 나라의 법 위에 있다고 말한다. 다시 말해, 유가에서 어버이의 자식 사랑과 자식의 어버이 사랑은 인륜의 출발점이다.

자식의 관점에서 어버이 사랑을 좀 더 깊이 살펴보자.

《맹자》〈진심 상(盡心 上)〉편에는 미묘한 이야기가 등장한다. 나라의 법과 효가 충돌한다면 어떻게 해야 할까? 도응(桃應)이라는 사람이 질문하고 맹자가 대답한다.

"순(舜) 임금이 천자이고 고요(皐陶)가 그를 보좌하고 있는데, 순 임금의 아버지인 고수(瞽瞍)가 사람을 죽였다면 어떻게 해야 합니까?"

순은 효자였지만 고수는 너무나 패악한 아버지였다고 한다. 그리고 고요는 정직하기로 이름을 날린 전설적인 법관이다. 맹자는 대답한다.

"법대로 잡아들일 뿐이오."

"그러면 임금인 순이 못 하게 하지 않을까요?"

"어떻게 못 하게 할 수 있겠소. 고요는 법관으로서 받은 명이 있는데."

"그렇다면 아들인 순은 어떻게 해야 합니까?"

"천하를 헌신짝처럼 버리고 몰래 아버지를 업고 멀리 해변으로 달아나 살면서, 평생토록 흔연히 즐기며 천하를 잊고 살 것이오."

옛 거울에 나를 비추다

맹자는 교묘하게 패악한 아버지를 섬기는 답을 내놓았다. 그러나 그런 도피는 말처럼 쉽지 않은 일이다. 바닷가로 간들 아버지의 악행이 없어지겠는가?

효의 진정한 의미를 짚어 보기 위해 춘추시대 진(晉)나라 두 명문가의 부자(父子) 한 쌍을 돌아보자. 《춘추좌전》에 나오는 이야기다.

기원전 575년 진은 초(楚)와 일대 격전을 벌여 대승을 거뒀다. 이 싸움에 진의 명문가인 사씨(士氏) 집안의 종주 사섭(士燮)도 출전했다. 싸움이 끝나고 군사들이 개선하는데, 명문가의 노인들이 모두 나와 자기 아들이 돌아오길 기다렸다. 사섭의 아버지 사회(士會)도 그중 한 사람이었다. 아들 사섭은 일군의 대장으로 참전해 큰 공을 세웠기에 응당 당당히 앞서 와서 가문을 빛낼 줄 알았다. 그러나 다른 이들이 의기양양하게 다 지나간 후에야 아들이 나타나자, 아버지는 한편으로 기쁘고 또 서운하여 아들을 나무랐다.

"오매불망 너만 기다리는 아비를 생각지도 않았더냐?"

사섭이 대답했다.

"아버님, 우리 군대가 공을 세웠기에 나라 사람들이 기뻐 나와 맞이하고 있습니다. 제가 먼저 들어가면 분명 이목을 끌 것인데, 그러면 우리 군대의 총사령관을 대신하여 제가 이름을 얻는 꼴입니다. 그래서 감히 앞에 서지 못했습니다."

이야기를 들은 사회가 대답했다.

"이제야 우리 집안은 우환이 들지 않겠구나."

자식이 남의 앞에 서는 것은 모든 부모의 바람이다. 그러나 아버지는 아들이 비록 아비의 작은 바람은 저버렸지만 남을 배려하여 행동을 삼간 것이 '참된 효'임을 인정했다. 이날 아버지도 아들도 내심 흐뭇했을 것이다.

그러나 이보다 판단하기 훨씬 어려운 경우가 있다. 이번에는 위씨(魏氏) 가문의 종주 위과(魏果)의 이야기이다.

위과의 아버지 위주(魏犨)는 진(晉)나라의 유명한 맹장이었는데, 그에게는 아들을 낳지 못한 애첩이 있었다. 그는 이 여인을 지극히 사랑한 나머지 병이 들자 위과에게 말했다.

"반드시 재가시켜라."

그런데 병이 위중해지자 말을 바꾸었다.

"꼭 나와 함께 묻어다오."

순장시켜 달라는 이야기였다. 기어이 아버지가 명을 달리하자, 위과는 임종 시의 유언을 듣지 않고 새어머니를 재가시키고는 이렇게 말했다.

"병이 위독하면 정신이 맑지 않다. 나는 아버지께서 정신이 맑을 때의 명령을 따르겠다."

당시는 명문가의 수장이 죽을 때 따르는 사람들을 순장하는 것이 가능했다. 대가문의 종주가 감히 돌아가신 아버지의 명을 어기다니? 위과의 행동은 구설수에 오르기 충분했다.

얼마 후 위과가 서쪽 진(秦)나라와의 전쟁에 나섰는데, 상대편의 장수 두회(杜回)가 막강해서 아군 측에서 당할 자가 없었다. 그때 위과의 눈에 어떤 노인이 풀을 묶어 두회의 전진을 막는 것이 보였다. 과연 두회는 묶은 풀에 걸려 엎어졌고, 위과는 그를 사로잡을 수 있었다.

그날 위과가 꿈을 꾸었는데 싸움터에서 본 노인이 나타나 말했다.

"나는 그대가 재가시킨 여인의 아비라오. 그대가 아버지 정신이 맑을 때의 명을 좇아 내 딸을 재가시켰기에 보답하는 것이라오."

이것이 '풀을 묶어 은혜에 보답한다'는 결초보은(結草報恩)이라는 고사다.

이야기들을 되짚어 보면 공자는 효가 법보다 우선한다고 했고, 맹자는 궁극적으로 효를 실천하자면 자신을 희생하는 수밖에 없다고 한다. 그러나 세상 어버이 대부분은 양을 훔치거나 살인을 하지 않을 뿐 아니라, 자식에게 희생을 강요하지도 않는다. 사섭과 위과가 한 행동이 공자가 편찬하고 그 후학이 정리한《춘추좌전》에 나오는 까닭은 그들이 건설적으로 효를 실천했기 때문이다.

장성한 자식의 '진정한 효'는 어버이를 올바른 길로 이끌고 가는 것이다. 역설적이지만 사섭이 아버지의 바람을 뒤로 둔 덕에 사씨 가문이 높아졌다. 위과가 '사람을 위해 사람을 희생시킬 수 없다'는 신념을 실천했기에 위씨 가문이 커졌다. 이렇듯 효자는 때로는 어버이의 바람을 저버림으로써 오히려 어버이를 높인다. 명을 따른다는 구실로 어버이를 낮추는 것은 효가 아니다. 인간의 효가 낳아 주고 길러 준 사랑에 대한 무조건적인 보답에 그친다면, 들개처럼 늙은 어버이를 봉양하는 동물의 그것과 무엇이 다르단 말인가.

21세기, 우리는 어떤 효를 실천해야 할까? 실수가 있으면 숨겨 주고 그마저 안 되면 자기가 희생하되 결국은 어버이와 함께 바른 길을 걷는 것이 아닐까? 젊은이가 누군가에게 결초보은의 은덕을 베풀고자 잠시 효를 유보한다면, 당장 봉양하지 못하는 아쉬움이야 어버이께서 알아주실 것이다.

오매불망(寤寐不忘) 자나 깨나 잊지 못함.
결초보은(結草報恩) 죽은 뒤에라도 은혜를 잊지 않고 갚음을 이르는 말.

옛 거울에 나를 비추다

압도당하지 말고
이용하지도 말라

: 정나라 자산에게 배우는 위기 앞에 바로 서는 법

추운 겨울이 와야 소나무와 잣나무가 상록수임이 드러나듯이 어려움에 처한 후에야 그 사람의 진면목이 드러난다.

기원전 6세기 중반 춘추시대. 약소국 정(鄭)나라에는 자산(子産)이라는 위대한 정치가가 나타나 강대국 틈에 낀 나라를 안정시키고 백성들의 삶을 어루만졌다.

《춘추좌전》에서 위난(危難)을 대하는 그의 두 가지 태도를 볼 수 있다. 난리에 압도당하지 말고, 난리로 생긴 기회를 이용하지도 말라. 즉, 담담하게 난국을 헤쳐 나가라는 말이다.

기원전 570년 무렵, 정나라의 정치는 자산의 아버지와 숙부들이 좌지우지하고 있었다. 그러나 아버지의 형제들 사이에도 이견이 있었거니와 나라 사람들 중에는 이들의 권력 독식을 질투하는 이들이 많았다. 집정 자사(子駟)와 사도 자공(子孔)은 그의 숙부였고, 군권을 가진 사마 자국(子國)은 그의 아버지였다. 국정을 맡은 자사가 토지의 경계를 다시 정했을 때, 당시 사씨(司氏)를 비롯한 네 씨족이 손해를 봤다. 공정하지 않았던 모양이다. 그래서 그들은 자사에게 앙심을 품고 있었다.

그리고 자사는 이전에 위지(尉止)라는 이와 싸운 적이 있었다. 자사는 위지를 미워해 싸움에 나갈 때 위지의 전차 수를 줄이고 위지가 잡은 포로를 놓고 다투니, 급기야 위지도 자사에게 원한을 품게 되었다.

그리하여 경지 정리 때 손해를 본 가문 사람들과 개인적인 원한이 쌓인 위지가 모여 자사를 해칠 기회를 기다렸다. 이들은 자사와 자국이 서궁(西宮)의 조정에서 한데 모이는 때에 달려들어 모조리 죽이고, 내친김에 정나라 군주를 위협하여 북궁(北宮)으로 데리고 갔다. 소위 쿠데타가 벌어진 셈이다. 숙부들 중 자공은 이 난리를 사전에 알고 있어서 난을 피했다. 알고 있으면서 왜 빨리 남들에게 알리지 않았는지는 알 수 없는 노릇이다.

그러나 이들만 제거한다고 될 일이 아니었다. 자사와 자국은 아들이 있었는데 모두 걸물이었다. 그들은 어떻게 행동했을까? 먼저 자사의 아들 자서(子西)는 이 소식을 듣고 보호 장비도 차지 않고 당장 참사의 현장으로 달려갔다. 그는 아버지의 시신을 수습한 후 쿠데타 세력을 공격했다. 그런 후에 집으로 돌아와 사람들에게 같이 싸울 것을 종용했지만, 집안이 망하는 차에 따라 죽는 게 두려운 가복들은 이미 많이 달아났고, 상당수의 기물도 도난당했다.

그러나 자국의 아들 자산은 달랐다. 그는 난리 소식을 듣자 먼저 문을 잠그고 가복들에게 각자 임무를 부여한 후 창고에 사람을 배치해서 지키게 했다. 이렇게 집안을 완전히 단속한 후 사람들로 대오를 만들어 갑옷을 입고 무기를 챙겨 난리가 난 장소로 출동했다. 그때 자산이 갖춘 전차는 열일곱 대였다. 그 역시 현장에 도착해 아버지의 시신을 거둔 후 북궁에 자리한 쿠데타 세력을 공격했다. 때마침 지원병이 도착하여 위지와 그 일당이 살해되고 남은 이들은 외국으로 도망쳤다.

형제들이 도륙을 당할 때 살아남은 자공은 야망이 있는 사람이었다. 그는 정나라의 집정이 되고자 하는 꿈이 있었다. 마침 난리가 제압되자 그는 나라 안의 대부들을 불러서 맹세문을 만들었는데, 그 내용은 자신이 전권을 행사한다는 것이었다. 난리 통에 위협으로 맹세문은 만들었지만 정치에서 배제된 이들이 막상 맹세를 이행하려 하지 않자 자공은 그들을 죽이고자 했다.

그때 아비를 잃은 자산이 나섰다. "맹세문을 불태우시지요."

자공이 반박했다. "맹세문을 만들어 나라를 안정시키려는 것이다. 대중이 분노했다고 이를 불태운다면 이는 곧 대중이 정치를 하는 것이니, 나라가 어지러워지지 않겠는가?"

자산이 반박했다. "여러 사람의 분노는 막기가 어렵고, 자기 욕심을 다 채우려 하면 이룰 수 없습니다. 맹세문을 태우고 대중을 안정시키는 것이 낫습니다. 어른도 원하는 바(집정 자리)를 얻고 대중 또한 안정을 얻을 수 있다면 되는 일 아니겠습니까?"

자공이 조카의 간청을 듣고 결국 맹세문을 불사르자 대중이 드디어 안심했다고 전해진다.

이제 물어보자. 아버지가 돌아가셨다는 말을 듣고도 먼저 준비를 하고 출동한 자산이 당장 달려간 자서보다 효심이 적었을까? 그렇지 않을 것이다. 공자는 자산을 평하여 "옛사람들의 진실한 사랑을 간직한 사람"이라고 칭찬했다. 맹세문을 태운 자산은 원칙 없이 상황에 영합하는 사람일까? 그렇지도 않은 듯하다. 그는 정나라에 성문법을 도입하여 법치의 기본을 세운 사람이다. 스스로에게도 엄격했지만 약속을 어긴 자들에게는 혹독했다.

당시가 난리 상황임을 기억해 보자. 난리 때 우왕좌왕하거나 대책 없이 뛰어드는 것은 소방관이 방화복 없이 불길 속으로 들어가는 것이나 다름없다. 자산이 부대를 편성하여 북궁을 공격하지 않았다면 아버지의 원수를 갚기는커녕 집안이 망했을 것이다. 숙부 자공이 맹세를 강요한 것 또한 난리를 틈타 집정이 되려는 개인의 욕심을 챙기려는 처사이다. 숙부 자공은 난리의 징조를 재빨리 형제들에게 알리지 않아서 화를 입게 만든 이다. 그런 그가 난리가 평정된 후 임시방편으로 사람들의 입을 틀어막으려 한 것이다.

2014년 4월 우리는 온 나라를 비통하게 했던 세월호 참사를 겪었다. 사고가 나자 구조를 담당한 사람들은 무엇을 할지 몰라 허둥지둥하다 아까운 생명들을 희생시켰다. 그러나 이미 돌이킬 수 없게 되어 책임을 추궁당하자 변명은 또 그렇게 일사불란하게 할 수가 없다. 이랬다저랬다 하며 한 사람도 구하지 못하더니, 이제 여러 사람의 분노를 틀어막는 것에 급급한 이들을 보았다면 자산은 과연 무슨 말을 할까?

집정(執政) 나라의 정무를 맡아 보는 관직.
사마(司馬), 사공(司空), 사도(司徒) 관직명으로, 사마는 주로 군사, 사공은 주로 수리와 토목, 사도는 주로 민정 부문을 담당했다.

기록과 낭설의 희생양, 미녀

: 초선, 매희, 달기, 포사, 서시의 죄명

경국지색(傾國之色)이란 나라를 기울일 정도의 미녀란 뜻이다. 고대 중국 사서에는 여자들이 거의 등장하지 않는데, 가끔 나올 때 그녀들이 맡은 배역은 주로 악역이다. 그중에 큰 일이 바로 나라를 기울이는 것이다.

흔히 《삼국지》란 이름으로 더 알려진 《삼국연의》를 좋아하는 사람이라면 초선(貂蟬)이라는 여인을 기억할 것이다. 초선은 동탁과 여포 사이를 갈라놓기 위해 파견된 스파이이며, 결국 여포로 하여금 동탁을 죽이도록 한다. 초선은 두 악당을 이간질하는 나름의 '의미

있는' 역할을 맡았다. 하지만 그녀의 선배 미인들, 즉 춘추전국시대 이전의 미인들이 맡은 역할은 그보다 훨씬 못했다. 오늘은 그 여인들의 이름을 한 명씩 불러 보자.

중국 최초의 왕조라고 하는 전설의 하(夏)나라. 하나라의 마지막 왕 걸(桀)은 매희(妹喜)라는 여자에 빠져서 정사를 돌보지 않다가 나라를 망쳤다고 한다. 기원전 4~5세기의 문헌인《국어》에 이미 등장하는 말이니 매희가 하나라를 망쳤다는 이야기는 춘추시대에도 이미 유명했던 듯하다. 어떻게 망가뜨렸는지에 대한 구체적인 내용은 없다.

다음 왕조인 상(商)의 마지막 군주인 주(紂)는 왜 나라를 망쳤을까? 이번엔 달기(妲己)라는 여자 때문이라고 한다. 역시《국어》에 등장하지만, 사마천의《사기》에도 짧게 나온다. 상의 마지막 군주 주는 주지육림(酒池肉林)에 빠져서 달기의 말이라면 무조건 다 들어주었다고 한다. 주는 포학하기로 유명해서 불에 달군 구리 위로 사람을 걷게 하고는 그들의 고통을 즐겼다. 더 후대에는 달기를 위해 주가 이런 가학적인 형벌을 고안했다고 한다.

뒤이은 주(周)나라는 어떻게 쇠락하고 말았을까? 서주(西周)의 몰락과 동주(東周) 시대의 개막, 즉 춘추전국시대는 포사(褒姒)라는 여인으로 인해 시작되었다고 한다.《시경》에 "혁혁한 주나라를 포사가 멸망시켰네!"라는 구절이 나오고 기원전 3세기 문헌인 《여씨춘추》에도 포사에 관한 기록이 나온다.

《사기》에서는 아주 구체적으로 이 여인을 묘사한다. 주나라 유왕(幽王)은 포사를 정말로 좋아했기에 그녀를 위해서는 못할 것이 없었다고 한다. 그런데 그녀는 웃음이 없었다. 갖은 방법을 다 동원해도 그녀는 웃지 않았는데, 어쩌다 보니 봉화까지 올리게 됐다. 그것을 본 제후들이 종주국인 주나라를 지키기 위해 몰려들었으나 막상 도착해 보니 적이 없었다. 제후들이 허탕 치는 모습을 보고 포사는 드디어 웃음을 터뜨렸고 유왕은 무시로 봉화를 올렸다. 몇 번이나 속은 제후들은 정말 주나라가 융(戎)의 공격을 받아 봉화를 올렸을 때 오지 않았다고 한다. 이리하여 주나라는 동쪽으로 쫓겨나 낙읍(오늘날의 낙양)에 도읍을 차렸고 춘추시대가 시작되었다.

춘추시대 말기 와신상담 고사의 주인공인 오왕(吳王) 부차(夫差)는 어떻게 나라를 망쳤을까? 이번에는 서시(西施)라는 절세미인이 등장한다. 오나라와 월(越)나라는 서로 앙숙이었다. 오왕 부차의 아버지 합려는 월왕 구천과 싸우다 죽었다. 부차는 자나 깨나 아비의 복수를 다짐하다 결국 구천과 싸워 그를 회계산에 가두었다. 구천이 온갖 비굴한 언사를 동원하여 목숨을 구걸하자 부차는 차마 그를 죽이지 못하고 대신 종으로 부렸다.

구천은 치욕을 견뎌 내면서 미인계를 썼는데 그때 부차의 곁으

옛 거울에 나를 비추다

로 다가간 월나라 여인이 서시라고 한다. 그녀가 얼마나 아름다웠는지 후대의 호사가들은 '서시가 물을 내려다보니 그 빼어난 미모에 물속에 있던 물고기들이 가라앉았다'고 칭찬했다. 부차는 결국 서시에게 빠져들었고 얼마 후 구천에게 사로잡히는 신세가 됐다. 오나라는 이렇게 서시로 인해 멸망했다. 일설에는 서시가 월나라의 모신 범려(范蠡)의 애인이었다고도 한다.

매희, 달기, 포사, 서시는 그래도 경국지색으로 이름이라도 남긴 여인들이다. 하지만 사서에 나오는 대부분의 여자들은 이름도 없이 '여자 악공' 혹은 '무희' 따위로 기록됐다. 역사 속에서 나라를 기울인 여자들이 가진 무기는 무엇이었던가? 바로 웃음이었다. 미인이 웃으니 나라가 무너졌다는 말이다. 그리고 특이한 점은 초기에는 그 미녀들이 이름만 나오는 정도로 간단하게 기록되지만 후대로 갈수록 더욱 악하게 묘사된다는 것이다.

사실 춘추시대 이후 전국시대의 여러 나라들은 여자의 웃음으로 무너지지는 않았다. 진(秦), 한(漢) 등 뒤이은 나라도 마찬가지다. 그런데 왜 유독 태고 시절의 나라들은 하나같이 미녀의 웃음 때문에 멸망한 것일까?

필자는 이렇게 생각한다. 오래된 시대의 이야기일수록 지어내기 쉽다. 목격자도 없으니 누구든 마음대로 만들어 낼 수 있다. 또 역사는 언제나 약자에게 죄를 뒤집어씌우는 경향이 있다. 승자는 패자에게 죄를 뒤집어씌운다. 물론 승자나 패자나 모두 남자다.

그렇다면 패자가 패한 원인은 무엇인가? 패자도 희생양을 찾아야 하니, 그가 바로 여자였다. 여자의 죄는 그 패자보다 더 약했다는 사실뿐이다. 여자에게 다 떠맡기기 미안했는지 그럴듯한 꼬리표 하나를 남겨 줬으니, 바로 미모다. 결국 아름다움이 죄를 뒤집어쓴 것이다.

실제 역사는 그렇지 않다. 춘추 초대 패자인 제나라의 군주 환공은 스스로 여자를 너무 좋아한다고 걱정했지만 여전히 제후들의 우두머리였고, 뒤이은 2대 패자 진문공은 염치없이 여자들의 도움을 받아 자리에 올랐으며, 3대 패자인 초나라 장왕은 아름다운 미망인을 차지하기 위해 볼썽사나운 행보까지 보이고도 여전히 정치를 잘했다. 그들은 여자 때문에 정치를 망치지 않았다. 가장 믿을 만하며 오래된 기록인 《춘추좌전》과 《관자(管子)》 등에 기록된 이야기다.

사실 군주든 서민이든 한 여자를 좋아하는 것이 나쁠 리 없다. 당 태종은 장손황후의 조언을 받아들여 성군이 되었다. 반면 삼국시대 손권의 손자 손호(孫晧)는 불특정 다수의 궁녀를 거느리고 학대하다 천하의 폭군이 되었다. 신하들이 수없이 상소를 올렸다.

"제발 한 여자를 좋아하십시오!"

실제의 역사는 그랬다.

옛 거울에 나를 비추다

경국지색(傾國之色) 임금이 혹하여 나라가 기울어져도 모를 정도의 미인이라는 뜻으로, 뛰어나게 아름다운 미인을 이르는 말. 절세미인(絶世美人).

주지육림(酒池肉林) 술로 연못을 이루고 고기로 숲을 이룬다는 뜻으로, 호사스러운 술잔치를 이르는 말.

침어낙안, 폐월수화(沈魚落雁, 閉月羞花) 물고기는 물속으로 가라앉고 기러기는 땅으로 떨어지며, 달은 구름 뒤로 얼굴을 가리고 꽃은 스스로 부끄러워한다. 중국의 4대 미인이라 일컬어지는 서시(침어), 왕소군(낙안), 초선(폐월), 양귀비(수화)의 미모를 표현한 별칭.

악인 하나면
나라도 무너뜨리니

: 비무극이 뿌린 악의 씨앗

춘추시대 말기(기원전 6세기 말) 초(楚)나라는 남방의 대국이었다. 춘추시대는 이 막강한 초나라가 멀리 변방의 오(吳)나라에게 대패해서 수도가 함락되는 사건으로 종결된다. 땅도 크고 인구도 많으며 훨씬 정교한 체제를 갖추고 있던 초나라가 왜 변방에서 갓 일어선 작은 나라에 크게 패하고 말았을까? 무수한 원인이 있지만 어떤 악인이 장작더미에 숨겨 놓은 불씨 하나가 도화선이었다. 그 사람의 이름은 비무극(費無極)이다.

좀도둑은 스스로 나쁜 짓을 하지만 큰 악당은 남에게 나쁜 짓을 권한다. 당시 초나라는 평왕(平王)이 다스리고 있었다. 대단한 능력은 없었지만 그렇다고 뒤처지는 군주도 아닌 보통 사람이었다. 그의 옆에는 비무극이라는 악인이 있었다. 그는 태자의 작은 스승이었는데 타고난 음모가였다. 태자는 비무극의 그러한 기질을 싫어해 멀리했다. 그러자 비무극은 태자를 제거하기로 마음먹고 모략을 꾸몄다. 그는 평왕에게 이렇게 말했다. "태자가 혼인할 나이가 되었습니다." 그래서 서방의 대국인 진(秦)의 공녀를 태자의 부인으로 맞기로 했다. 그녀는 절세미인이었다. 비무극은 평왕에게 "진의 공녀가 아주 아름답습니다. 이번에는 왕께서 취하시고 태자에게는 다른 부인을 찾아주시지요"라고 권했다.

악행의 1단계, 오로지 자신만 이익을 얻고 다른 이에게는 나쁜 짓을 권하는 것이다. 비무극을 가까이한 지 오래된 평왕은 이 의견을 받아들였다.

다음은 악행의 2단계, 사람들을 떼어 놓을 시기다. 비무극은 평왕에게 말했다. "지금 동북 변경이 위태롭습니다. 태자 같은 중요한 사람으로 하여금 그곳에 성을 쌓고 주둔하게 하면 걱정이 없을 것입니다."

이리하여 태자는 변경으로 떠났다. 태자가 떠나자 비무극은 본격적인 모함을 개시했다. 태자의 스승인 오사(伍奢)는 인품과 능력을 갖춘 걸출한 인물로 변방에서 태자를 보좌하고 있었다. 악당은 인재를 싫어한다. 그는 태자와 오사를 제거하기 위해 "태자가 변방에서 반란을 일으키려 합니다. 오사가 도와 외국을 끌어들일 계책까지 다 세웠습니다"라며 없는 말을 지어냈다.

과연 평왕이 아들을 의심했을까? 비무극은 이렇게 덧붙였다. "태자는 예전에 왕께서 진나라 공녀를 가로챈 일을 원망하고 있습니다." 이것이 악당들이 즐겨 쓰는 '공범의식 주입하기'다. 반성을 권하는 것이 아니라 이미 나쁜 짓을 했으니 더 나쁜 짓을 해서 옛날 잘못을 감추라는 것이다. 평왕은 그래도 미심쩍어 먼저 오사를 불러 심문했다. 오사는 당당했다. "전에 공녀를 취하신 것도 큰 잘못인데 또 참언을 믿고 아들을 해치려 하십니까?"

한번 나쁜 짓에 빠지면 옳은 말이 더 듣기 싫은 법이다. 그는 오사의 말을 믿지 않았고, 실제로 태자가 반란을 일으키려 한다고 의심하게 되었다. 그래서 체포 조를 보냈지만, 체포를 담당한 관리가 미리 알려 주어 태자는 달아나고 대신 오사가 잡혀 왔다. 그러자 비무극이 또 이렇게 바람을 넣었다.

"오사의 아들들은 모두 뛰어나서 오나라로 달아나는 날이면 나라에 화가 미칩니다. 아비를 미끼로 저들을 잡아들이시지요."

그래서 오사의 아들 오원(伍員, 그 유명한 오자서)과 그 형 오상에게 편지를 보냈다. "그대들이 오면 아비를 용서하겠으나 오지 않으면 아비를 죽이겠다."

소식을 들은 오원은 가지 않으려 했다.

"속임수에 불과합니다. 우리가 다 가면 삼부자가 몰살당할 뿐 아버지를 구할 수가 없습니다. 몰살당하면 복수도 하지 못합니다. 외국으로 달아나 복수하는 것만 못합니다."

그러나 형은 오원에게 이렇게 당부하며 기어이 아버지 곁으로 떠났다. "아버지가 위험에 빠져 있는데 가지 않는다면 불효하는 것이다. 그러나 아버지가 살해당했는데 복수하지 못한다면 이 또한 불의한 것이다. 효도도 복수도 모두 포기할 수 없다. 원아, 나는 효를 실천하겠으니 너는 꼭 아버지의 복수를 이루어라."

이리하여 형은 아버지 곁으로 갔고 예상대로 부자는 죽음을 당했다. 졸지에 아버지와 형을 잃은 오원은 이를 갈며 동쪽 오나라로 달아났다. 비참한 몰골로 오나라 땅으로 들어간 오원은 복수의 칼날을 갈았다. 그곳에서 만난 사람이 바로 합려(闔閭)라는 야심가였다. 오원은 천신만고 끝에 합려의 신하가 되어 합려에게 초나라를 치라고 부추겼다. 그때까지 오와 초는 해마다 싸움을 되풀이하고 있었는데, 초나라의 사정을 훤히 꿰뚫고 있는 오원이 나타나자 전황은 점점더 오나라에 유리하게 전개되었다. 그는 치고 빠지는 전술로 계속 초나라의 힘을 빼다가 드디어 총공격을 감행했다.

기원전 506년, 남방의 패자를 자처하던 초나라는 오나라 군대에 속절없이 패하다가 마침내 수도까지 잃고 말았다. 당시 평왕은 벌써 죽었고, 그 아들 소왕이 오군과 싸우다 달아났다. 일설에 따르면 오원은 초나라 수도를 함락한 뒤 무덤에서 평왕의 시신을 꺼내 채찍질했다고 한다. 오원의 친구 신포서(申包胥)가 기별을 보내 "아무리 원한이 있기로서니 어떻게 조국을 배신할 수 있는가?" 하고 물으니, 오원은 이렇게 대답했다고 한다.

"날은 저물고 길은 멀어 거꾸로 가고 거꾸로 행했네(日暮途遠, 倒行逆施)."

원한이 뼈에 사무쳐 도리를 돌아볼 여유조차 없었다는 뜻이다. 비무극의 음모는 이렇게 한 나라의 운명을 바꿔 놓고 말았다. 비무극은 어떻게 되었을까? 그자는 오원이 오나라로 떠나자 역시 충신인 극완(郤宛)까지 모함해서 죽였고 그 일족을 완전히 몰살하려 했다. 나라 사람들은 극완의 충성심을 알기에 일족을 모조리 죽이라는 명을 듣지 않았다. 이리하여 악행을 일삼던 비무극은 오히려 역공을 당해 죽고 말았다. 그러나 그가 심어 놓은 악의 씨앗은 그가 죽고 나서도 자라 나라를 망쳤다.

역사서에 나오는 극악한 자들은 특징이 있다. 먼저 남을 악행에 끌어들이고, 악을 무마하기 위해 더욱 악한 짓을 한다. 자신의 악한 마음으로 남을 판단하므로 철저하게 상대를 해코지한다.

《국어》에 "선을 따르는 것은 산을 오르는 것처럼 어렵고 악을 따르는 것은 무너지는 듯 한순간이다(從善如登, 從惡如崩)"라는 격언이

옛 거울에 나를 비추다

나온다. 선은 본질적으로 끝없이 더딘 과정이지만 악은 속성상 잠깐으로도 더 큰 악을 불러들인다. 악인 하나면 나라도 무너뜨리니 경계하지 않을 수 없다.

일모도원, 도행역시(日暮途遠, 倒行逆施) 날은 저물고 길은 멀어 거꾸로 가고 거꾸로 행하다. 원한이 뼈에 사무쳐 도리를 돌아볼 여유조차 없었다는 뜻. 오자서(오원)가 한 말로 여기서 일모도원(日暮途遠, 해야 할 일은 많은데 시간이 없음)과 도행역시(倒行逆施, 순리를 거슬러 행동함)란 고사성어가 나왔다.
종선여등, 종악여붕(從善如登, 從惡如崩) 선을 따르는 것은 산을 오르는 것처럼 어렵고 악을 따르는 것은 무너지는 듯 한순간이다. _《국어》〈주어(周語)〉 편

인간미 없는
사람의 최후

: 법가 상앙의 개혁

기원전 4세기 전국시대 중반, 각국은 세력 다툼에서 살아남기 위해
갖은 애를 썼다. 당시 유독 진(秦)이 강해졌는데, 흔히 진은 법가(法
家)에 의한 개혁 덕분에 강해졌다고 말한다.

법가 중에 가장 철저한 개혁가로 상앙(商鞅)을 꼽는다. 나날이
각박해지는 경쟁사회에서 상앙의 개혁과 그의 인생 역정이 말해 주
는 바는 작지 않다. 그는 원래 동쪽 위(衛)나라 사람이지만 중원의
위(魏)나라로 출사했다가 만족하지 못하고, 서방의 진(秦)나라로 가
서 한자리를 차지한 인물이다.

법가란 엄격한 법으로 세상을 다스려야 한다고 주장하는 사람들이다. 그들이 말하는 법은 대개 두 가지인데, 먼저 상벌에 관한 것으로서 대략 오늘날의 형법과 비슷하다. 그 형법이 대단히 엄격해서 사소한 잘못도 가혹하게 처벌하여 범죄를 저지를 엄두를 내지 못하게 하는 것이 목적이었다.

또 하나는 국가의 생산력을 높이기 위한 제도적인 개혁 조치들을 말하는데, 대개 국가의 재정 정책과 노동력 통제에 관한 것이다. 예를 들면 "병사들은 싸우면서 농사를 짓는 농부다"라는 규정 등이다. 어쨌든 진은 상앙의 주장을 채택하여 강해졌다.

그러나 옛 제도를 바꾼다는 것은 쉬운 일이 아니다. 상앙이 조정에서 주장을 펼치자 반대론자들이 물 끓듯이 일어났다. 《사기》,《상군서(商君書)》 등에 따라 당시 진나라 조정에서 상앙과 보수파들이 벌인 논쟁을 재구성해 보면 대략 이렇다.

상앙: 법은 백성을 아끼는 수단이고, 예(禮)는 일을 편하게 하는 방법입니다. 정말로 백성을 이롭게 하고 나라를 강하게 할 수 있다면 옛 법이나 예를 고수할 필요가 없습니다.
반대파 1: 법과 예를 바꾸면 백성들이 혼란스러워합니다. 성인은 바꾸지 않고 교화하니 백성들이 모두 편안해합니다. 지금 바꾸면 비난이 들끓을 것입니다.

상앙: 옛날 패권을 잡은 나라들은 모두 법이 달랐지만 모두 패권국이었습니다. 군주께서는 저들의 말을 듣지 마십시오. 저들은 옛날 법에 구속되는 사람들이지만 우리는 새로운 법을 만드는 사람들입니다.

반대파 2: 제가 듣기로 백 배의 이득이 없으면 함부로 법을 바꾸지 않는다 합니다. 옛 법은 모두 경험에서 나온 것입니다. 따르면 일을 그르치지 않습니다.

상앙: 옛날 법이 다 달랐습니다. 어느 것을 따른단 말입니까? 예와 법은 시대 상황에 맞춰 만들면 됩니다. 무기와 기물은 쓰기 편하면 그만입니다.

이런 격론을 경청한 진나라 효공(孝公)은 결국 상앙의 편을 들어주었다. 상앙은 법을 고치고 엄격히 시행하려 했으나 사람들이 받아들이지 않을까 걱정이었다. 어느 날 그는 도성의 남문에다 장대 하나를 세워 두고 사람들을 모았다. 그리고 이렇게 약속했다.

"이 장대를 북문으로 옮기는 사람에게 10금을 상으로 준다."

그러나 아무도 믿지 않았기에 나서는 이가 없었다.

상앙이 다시 선언했다.

"상금을 50금으로 올린다."

그래도 선뜻 나서는 이가 없더니, 어떤 사람이 밑져야 본전이라는 생각에 시험 삼아 장대를 옮겼다. 그랬더니 상앙은 약속대로 거금 50금을 지불했다. 그 후로 사람들은 상앙의 신법(新法)을 믿고 따랐다. 상앙은 아래위를 따지지 않고 모두에게 엄한 법을 들이댔다. 겁 먹어서 들었든 좋아서 들었든 진나라 사람들은 모두 이 법을 따랐다.

상앙의 지위는 계속 올라가 커다란 봉지(封地)를 가진 군(君)이 되었다. 적과 싸울 때 그는 속임수를 마다하지 않았고, 그 결과 큰 전공을 세웠다. 언젠가 그가 진나라 군대를 끌고 위(魏)나라와 싸울 때 상대 사령관은 옛 친구인 공자앙(公子卬)이었다. 상앙은 전갈을 보냈다.

"어떻게 우리가 싸울 수 있습니까? 술이나 마시고 군대를 물리시지요."

그렇게 공자앙을 초청하고는 위군을 급습하여 대승을 거뒀다.

그러다 세월은 흘러 상앙을 등용한 효공이 죽었다. 효공이 죽자 상앙에게 처벌을 받은 사람들이 벌 떼처럼 일어나 그가 반역을 획책했다고 무고했다. 상앙은 동쪽으로 달아났다. 동쪽으로 가려면 반드시 함곡관을 거쳐야 했다. 함곡관에 이르러 여관에서 잠을 자려 하니, 주인이 이렇게 말했다고 한다.

"상군(상앙)의 법에 의하면 통행증이 없는 객을 재워 주면 연좌되어 벌을 받습니다."

그래서 상앙은 머물지도 못하고 또 동쪽으로 달아나면서 한탄했다고 한다.

"내가 만든 법의 폐단이 이 지경에 이르렀구나."

그는 자신이 살던 위(魏)나라로 가족들을 데리고 망명할 생각이었다. 그런데 위나라 관을 지키는 관리가 상앙을 알아보고 입국을 거부했다. "군께서 옛날 우리 공자앙을 배신했으니, 저는 군을 믿을 수가 없습니다."

그리고 상앙을 받아들여 진나라의 보복을 받을 수 없다며 돌려보냈다. 진퇴양난에 빠진 상앙은 자기 봉지로 돌아가 병사들을 모아 진나라 조정에 대들었지만 결국 패해서 사형당하고 말았다. 그뿐 아니라 그의 전 가족이 반역죄로 몰살당했다. 범법자를 고발하지 않거나 숨겨 주면 범법자와 같이 처벌하는 연좌제는 상앙 개혁의 중요한 부분이었다. 상앙의 가족이 모두 죽은 것도 바로 연좌제 때문이었다.

동쪽에서 온 떠돌이 상앙은 법으로 서방의 진나라를 강하게 키웠지만 결국 자신의 목숨은 지키지 못했다. 망명객에게 관대했던 제2의 고국 위(魏)나라로 들어갈 수 없었던 까닭은 그가 비겁하게 공자앙을 속였기 때문이다. 목적을 위해 정리(情理)를 팔아먹는 사람, 아무리 공적이 크다 한들 한 치의 인간미도 보여 주지 못한 사람, 그런 사람이 설 공간은 없으리라.

진퇴양난(進退兩難) 나아가기도 물러서기도 어렵다. 이러지도 저러지도 못해 입장이 곤란함.

옛 거울에 나를 비추다

보잘것없는 이를
학대한 죄

: 범저에게 복수 당한 위제

예나 지금이나 기반 없는 이들의 입신양명은 순탄치 않았나 보다. 이번에 이야기할 범저(范雎) 또한 험난한 출셋길에 나선 사람이다. 《사기》〈열전〉 편의 기록을 정리해 기원전 250년 무렵 벌어진 범저의 일화를 구성해 보자.

범저는 위(魏)나라 사람으로 언변과 식견이 뛰어났다. 관직을 얻기 위해서는 군주들에게 줄을 대야 했지만 범저는 너무 가난해 그들에게 예물을 바칠 수 없었다. 대신 위나라의 중대부(中大夫) 수가(須賈)를 섬겼다. 수가는 외교관이었다. 그 덕에 범저는 수가를 따라 사신으로 동쪽의 제나라에 가게 되었다. 제나라 왕은 범저의 언변에 감복해 술과 안주를 내리고 금까지 선물로 건넸다. 그러나 선물이 과도하다고 생각한 범저는 금은 마다하고 체면상 술과 고기만 받았다.

헌데 수가가 이를 달갑게 보지 않았다. 이렇게 황송한 대접을 받는 이유가 따로 있을 것이라 여겼다. '범저가 국가의 기밀을 제나라에 넘긴 까닭이 아닐까?'라고 의심했다. 수가는 위나라로 돌아와 재상 위제(魏齊)에게 범저가 선물을 받은 사실을 고해 버렸다. 이 때문에 일은 고약하게 꼬여 갔다.

위제는 위나라 공자로서 왕족인 데다 재상직을 차지하고 있어 권세가 대단했다. 위제는 범저를 잡아와 매질하며 심문했다. 매질이 얼마나 심했는지 갈비뼈가 부러지고 이가 빠졌다. 매를 견뎌 내던 범저는 너무 괴로워 죽은 체를 했다. 하지만 위제는 여기서 그치지 않고 한술 더 떠 범저의 축 처진 몸을 멍석에 말아 변소에 가져다 두라 했다. 그날 위제의 집에서 술을 마시던 손님들은 멍석 위에다 오줌을 갈겼다. 이러다 정말 죽을 것 같자 범저는 사람들이 뜸한 틈을 타 자기를 지키는 하인을 꼬였다.

"저를 살려 주십시오. 반드시 후하게 은혜를 갚겠습니다."

지키는 이도 처참한 그의 몰골을 보고 안쓰러웠는지 청을 들어주기로 했다. 하인은 위제에게 가서 말했다. "멍석 안에 있는 시체를 버리고 오겠습니다." 술이 거나하게 취한 위제는 선선히 허락했다.

옛 거울에 나를 비추다

구사일생으로 탈출한 범저는 이름을 장록이라 바꾼 후 어렵사리 서쪽의 진(秦)나라로 들어갔다.

당시 진나라는 태후와 왕의 외삼촌 위염(魏冉)이 실권을 잡고 있었다. 이에 왕은 권력을 되찾기 위해 노심초사하는 중이었다. 그때 범저가 나타나 위염의 과오를 들춰내고 그를 내칠 방안을 제시하니 왕은 옳다구나 하고 범저를 기용했다. 과연 범저는 위염을 실각시켜 왕권을 강화하는 동시에 원교근공(遠交近攻, 먼 나라와는 사귀고 가까운 나라는 친다)이라는 방략을 제시하여 동방을 공격했다.

진나라 동방에는 바로 범저의 고국 위나라가 있었다. 거듭되는 진나라의 공격을 받다 지친 위나라는 수가를 사신으로 보내 진나라 재상 장록을 설득하려 했다. 이리하여 수가가 진나라 관사로 찾아왔다. 그런데 거지 몰골을 한 사내가 그에게 다가와 자세히 보니 범저였다. 수가가 놀라서 말했다.

"범숙(범저의 자)은 그때 죽은 것이 아니오? 지금 진에서 무슨 일을 하고 있소?"

"고용살이로 살아갑니다."

수가는 범저가 측은하여 음식을 내주고 한탄했다. 마침 범저가 다 떨어진 옷을 입고 있기에 새 옷 한 벌도 내려 주었다. 범저는 수가에게 자신의 고용인이 진나라 재상 장록을 잘 알아 자기도 재상과 친분이 있다고 말했다. 그리고 기꺼이 다리를 놓아 주겠다고 전했다. 이리하여 수가는 장록을 만날 기회를 얻어 범저와 함께 관사로 찾아갔다. 관사에 들어서니 범저가 수가에게 말했다.

"잠시 기다리시지요. 제가 먼저 들어가 재상께 고하겠습니다."

그러나 한참이 지났건만 범저가 나오지 않았다. 기다리던 수가는 문지기에게 물었다.

"범숙은 왜 안 나오는 것이오?"

"여기 범숙이라는 사람은 없는데요?"

"아까 들어간 그 사람 말이오."

"그분은 범숙이 아니라 재상이십니다."

순간 수가는 상황을 파악하고 화들짝 놀라 처벌을 받고자 꿇어앉았다. 얼마 후 범저가 재상의 관복을 입고 수행원들을 데리고 나타났다. 수가가 벌벌 떨며 죄를 빌었다. 범저가 물었다.

"그대의 죄가 몇인 줄 아는가? 그대의 죄는 셋이다. 내 조상이 위나라 사람이니 나는 위나라를 배신할 마음이 없었다. 그런데 그대가 위제에게 나를 모함했다. 이것이 첫 번째 죄다. 그리고 위제가 나를 변소에 버리고 욕을 보일 때 왜 그대는 말리지 않았는가? 이것이 두 번째다. 또한 객들이 나에게 오줌을 눌 때도 그대는 가만히 있었다. 이것이 셋이다. 허나 그대가 옛정을 생각하여 솜옷을 내주고 나를 가엾게 여겼으니 목숨만은 살려 둔다."

수가는 이리하여 목숨을 건졌다. 그러나 범저는 수가가 귀국할

옛 거울에 나를 비추다

때 연회를 열고, 손님들이 모두 좋은 음식을 먹을 때 그가 말구유에 든 죽을 죄수들과 함께 먹도록 하며 모욕을 주고, 엄포를 놓았다. "돌아가 위왕에게 고하라. 당장 위제의 목을 내놓지 않으면 대량(위나라 수도)을 도륙하겠다고."

수가가 돌아와 위왕에게 고하자 위제는 조(趙)나라 평원군(平原君)의 집으로 달아났다. 평원군은 당시 천하에 명망 있는 조나라 공자이자 조왕의 아우였다. 진나라 왕은 한참 후 사신으로 진나라에 들어온 평원군을 위협했다.

"범군(범저)은 저의 숙부 격입니다. 범군의 원수가 군의 댁에 숨어 있다고 하더군요. 그의 목을 가져다주십시오. 안 그러면 군을 돌려보낼 수 없습니다."

평원군이 대답했다. "군자는 귀할 때 천한 사람과 사귀고 부유할 때 가난한 이와 사귄다 합니다. 위제는 제 친구입니다. 지금 제 집에 없기도 하거니와, 있어도 내줄 수 없습니다."

그러자 진왕은 평원군의 형 조왕에게 서신을 보냈다. 편지를 받은 조왕은 평원군의 집으로 병사들을 보내 위제를 찾았다. 궁지에 몰린 위제는 한밤중에 다시 위나라로 달아났다. 그러나 위나라는 진과 원한을 맺은 위제를 반기지 않았다. 위제는 결국 부끄럽고 분해 자결하고 말았다.

권세든 돈이든 영원할 수 없다. 위제는 보잘것없는 자를 벌줬다고 생각했겠지만, 바로 그에게 복수를 당했다. 수가는 의심만으로 범저를 고발했지만 옷 한 벌의 온정이 남아 있었기에 목숨을 구할 수 있었다. 물론 평원군은 무사히 돌아갔다. 위기에 처해서도 궁지에 몰린 친구를 위하는 평원군의 행동은 얼마나 의연한가?

중대부(中大夫) 《주례(周禮)》에 나오는 사대부(士大夫)의 여섯 등급(상대부, 중대부, 하대부, 상사, 중사, 하사) 가운데 두 번째 등급.

원교근공(遠交近攻) 먼 나라와 친하고 가까운 나라를 쳐서 점차로 영토를 넓힘. 전국시대에 범저가 진왕에게 진언한 외교정책.

조(趙)나라 평원군(平原君) 선비들을 좋아해 집에 모여든 빈객(賓客)이 수천 명에 달했고, 2대에 걸쳐 세 번이나 재상에 올랐다. 모수자천(毛遂自薦) 일화가 유명하다.

모수자천(毛遂自薦) 진나라가 조나라 수도 한단을 포위하여 평원군이 초나라에 구원군을 청하러 갈 때 식객 3,000명 중 20명을 뽑아 수행원으로 삼으려 하자 식객 모수(毛遂)가 스스로 천거(薦擧)했다는 일화에서 유래한 말로, 자기가 자기를 추천하는 것을 이름. 오늘날에는 의미가 변질되어 일의 앞뒤도 모르고 나서는 사람을 비유.

귀이위교자위천야, 부이위교자위빈야(貴而爲交者爲賤也, 富而爲交者爲貧也) 군자는 귀할 때 천한 사람과 사귀고 부유할 때 가난한 이와 사귄다.

옛 거울에 나를 비추다

부와 권력으로
채울 수 없는
삶의 밀도

: 사람을 사고 목숨을 판 여불위

중국 최초의 통일 국가는 진(秦)이다. 열국을 병탄하고 통일 왕조를 세운 사람이 영정(嬴政), 흔히 진시황이라 불리는 인물임은 누구나 알고 있다. 이 사람의 가족사에 얽힌 이야기는 호사가들이라면 빠뜨리지 않는 주제다. 그 시작은 여불위(呂不韋)라는 인물이었다.

'공식적'으로 영정의 아버지인 영이인(嬴異人)은 왕자이나 별로 총애를 받지 못하는 사람이었다. 그러기에 당시의 복잡한 정세에 따라 조나라에 인질로 가 있었지만 본국의 지원을 받지 못하고 거의 방치되어 곤궁한 삶을 살고 있었다. 이 진나라 왕자를 눈여겨본 사

람이 있었으니 조나라 수도 한단에서 장사를 하며 큰돈을 모은 여불
위라는 사람이었다.

그는 원래 외국 출신의 장사치라 돈의 위력을 알고 있었다. 비록
이인이 방치되어 있지만 명색이 진의 왕자인데 돈을 들이면 왕 자리
를 차지하지 못할 것도 없지 않은가? 당시 상인이란 돈은 있으나 명
망은 없는 사람이다. 여불위는 돈으로 지위까지 사는 큰 도박을 하
고 싶었다. 《사기》와 《전국책》의 기록을 정리하면 이야기는 이렇게
이어진다.

여불위는 소위 '가격이 오를 만한 물건'을 보는 안목이 있었다.
그는 이인을 보고 이렇게 말했다고 한다.

"이 기이한 물건은 사둘 만하다."

이인(異人)을 해석하면 '기이한 사람'이다. '사람'을 '물건'으로 바
꾸어 보니 그는 천생 장사치다. 그는 기회를 봐서 이인을 찾아가 제
안했다.

"제가 공자의 집안을 크게 만들 수 있습니다."

그리고 내밀한 제안을 하는데 내용은 대략 이렇다.

'진왕은 늙었으니 당신의 아버지 안국군이 곧 왕이 될 것이다. 그
러나 당신은 정실 소생도 아니고 장자도 아니니 왕이 될 가능성은
없다. 그런데 안국군은 정부인인 화양부인만 좋아하는데 정작 화양
부인은 아들이 없다. 당신이 화양부인의 양자가 되면 왕 자리는 얻

옛 거울에 나를 비추다

어 놓은 것이다. 돈은 내가 낼 테니 화양부인에게 유세하자.'

그러자 이인은 감격해서 이렇게 약속했다.

"일이 잘되면 그대와 나라를 나누어 가질 것이오."

이렇게 둘의 투기 계획은 이뤄졌다. 그때까지 영정이란 사람은 세상에 없었다.

다시 믿을 수 없는 이야기가 이어진다. 여불위는 돈 많은 사람이라 한단에서 춤을 잘 추는 미인을 첩으로 데리고 살았다. 그런데 이인이 이 미인을 보더니 당장 마음에 들어 자신에게 달라고 졸랐다. 그때 그 미인은 여불위의 아이를 임신하고 있었다고 한다. 여불위는 이인에게 공을 들이던 차에 미인을 바쳤고, 그 미인이 낳은 아들이 바로 영정이다. 영정의 어머니가 조나라 미인임은 분명하지만 그 아버지가 누구인지는 하늘만 알 일이다.

과연 화양부인이 이인의 이야기를 듣고 보니 나름대로 준수한 인물이었다. 이후 일은 순탄하게 흘러가 이인은 양자가 되고 태자가 되고 결국 왕이 되었으니, 곧 장양왕(莊襄王)이다. 장양왕은 약속대로 여불위에게 10만 호의 봉지를 내리고 지극히 우대했다. 얼마 후 장양왕이 죽자 어린 영정이 왕이 되었고, 여불위는 '의부(仲父)'라 불리며 극진한 대우를 받았다. 그 후 거대한 진나라의 정치는 여불위가 쥐락펴락하게 된다.

물론 조나라 미인은 왕의 어머니로서 조태후가 되었다. 그러나 태후는 아직 젊고 열정이 넘쳤다. 장양왕이 죽자 태후는 왕의 어머니이면서도 여전히 여불위와 관계를 이어 나갔다. 그러나 여불위는 진나라 재상의 신분에다 나이도 이미 많았기에 태후와 계속 사통하다가는 사달이 날 것이라 걱정하다가 또 한 번 기발한 생각을 냈다. 음경이 큰 노애라는 사람을 발굴해서 태후에게 바친 것이다. 과연 태후는 노애를 너무나 아껴 몰래 아들까지 둘 낳았다. 왕정 국가에서 왕이 어릴 때 어머니의 역할은 막강하다. 이제는 여불위에 더해 태후를 등에 업은 노애까지 진나라의 권력자가 되니 관리들조차 어떤 이는 여불위, 어떤 이는 노애를 따르며 편을 갈랐다. 진왕 영정은 알고 있었지만 어머니 일인 데다 권력이 공고하지 못한지라 어쩌지 못하고 있었다.

그러나 훗날 진시황이 될 인물이 넋 놓고 있었던 것은 아니다. 단지 성인이 되어 스스로 정치를 할 때까지 참았을 뿐이다. 그는 비밀리에 관리를 시켜 노애의 행각을 모두 파악하고 있었다. 노애 또한 이를 아는지라 좌불안석이었다. 마침 진왕 영정이 성년식을 치르러 도성을 벗어났을 때 노애가 선수를 쳐서 반란을 일으켰다. 그러나 이미 대비하고 있던 영정의 역공을 받아 반란은 실패하고 노애 일족은 모두 살해되었으며, 태후는 유배당했다. 그뿐만 아니라 아무 죄도 없는 영정의 두 동복동생, 즉 노애와 태후 사이에 난 두 아이는 자루에 담긴 채 매질을 당해 죽었다.

옛 거울에 나를 비추다

그렇다면 여불위는 어떻게 되었을까? 처음에 여불위는 노애의 일에 연루되어 봉지로 좌천되었다. 그럼에도 여불위는 변함없는 실력자였다. 봉지에 있는 그에게 여전히 열국의 사자들이 뻔질나게 드나들자 영정은 또 마음이 불편했다. 그러자 그는 이런 매몰찬 편지를 보냈다.

"군이 우리 진에 무슨 공을 세웠다고 하남에 10만 식읍을 얻었소? 군이 진과 무슨 혈연관계가 있어 중보(仲父)라 불리오? 가속들을 이끌고 촉으로 옮겨 가시오."

실제 아버지일 수도 있는 사람, 자신을 왕이 되게 만든 사람을 송두리째 부정하는 살벌한 말이었다. 여불위는 왕이 기어이 자신을 죽일 것임을 감지하고 견디다 못해 독을 마시고 자살하고 말았다. 여불위가 죽자 그를 아는 사람들이 몰래 장사를 지냈는데 그들도 모두 색출되어 모진 탄압을 받았다.

어릴 적 어머니와 그 정부들로부터 받은 정신적 외상 때문인지 영정은 진시황이 되어서도 여성의 정조를 대단히 중시했다. 유명한 갈석(碣石, 중국 동북부의 지명)의 석각에도 진시황의 말이 이렇게 쓰여 있다.

"자식이 있으면서 다시 시집가는 여인에게는 죽음을 더해 부정을 처벌하고(有子而嫁 , 倍死不貞) 내외(남녀)를 구분하여 음란한 행동을 금하자 남녀가 정결하고 서로 성실해졌다."

그러나 여성들 입장에서 이런 조치는 심각하게 야만적인 것이다. 심지어 진시황이 죽자 자식이 없는 여성들도 모두 궁을 나서지 못하고 죽음을 당했다.

되새겨 보자. 조나라 출신 태후가 음란했던가? 그녀는 남편이 있을 때 부정한 짓을 저지른 것이 아니다. 여불위의 돈에 팔려 갔다가 다시 이인의 권력에 팔려 가고, 여불위의 버림을 받아 노애와 정을 나눈 것뿐이다. 그녀는 열정이 넘쳤을지언정 부정한 여인은 아니다. 그럼에도 그는 어린 아들들(노애의 아들들)이 똑같이 자기 배에서 나온 형(영정)에게 죽는 것을 견뎌야 했고, 두 연인이 죽음을 당하는 것도 봐야 했다.

여불위 이 사람, 돈과 권력을 다 누렸지만 결국 그의 삶은 허망하게 끝났다. 그러기에 사람의 삶이란 화려해도 밀도가 없으면 끝이 허망한 것인가 보다. 물건처럼 사람을 사고팔았지만 결국 그에게 남은 것은 무엇이었나? 또한 형제와 의붓아버지를 죽이고, 나이를 먹을수록 더욱 잔혹해졌던 진시황의 삶은 뭐 그리 본받을 만한 것인가?

소위 거부와 권력자의 삶이란 대개 화려하지만 속은 빈 경우가 태반이다. 평범한 남녀라도 서로 아끼고 자식들이 화목하면 그 삶은 충분히 밀도 있고 아름답다.

옛 거울에 나를 비추다

남다른 이보다
남을 이해하는 이

: 중국 최초의 평민 출신 황제 유방

고대의 위인 하면 어떤 모습이 떠오를까? 타고난 재질과 원대한 목
표, 범인(凡人)은 상상하지 못하는 인내심과 노력, 좌중을 압도하는
카리스마, 어떤 경우에도 목표를 포기하지 않는 집요함?

요즈음 사람들은 이런 행동이 대개 성공을 보장하는 첩경이라
고 믿는다. 이것이 바로 자본주의 사회에서 성공한 사람들의 이미지
다. 그러나 이런 사람들이 넘치면 세상이 좋아질까? 그리고 이런 사
람들을 보며 보통 사람들은 주눅 들지 않을까? 물론 그런 사람들은
대단한 사람이다. 그러나 진정한 위인은 남다른 사람이 아니라 남을

이해하는 사람이다. 여기 완전히 새로운 유형의, 자신은 결함투성이지만 마음으로 보통 사람을 이해했기에 전국시대를 완전히 끝장낸 거인이 있다. 그의 이름은 한(漢)나라의 창시자 유방(劉邦)이다.

흔히들 진시황이 천하를 통일하면서 전국시대를 끝냈다고 한다. 그러나 진시황이 죽자마자 진은 무너지고 천하는 예전으로 돌아가 더 격렬하게 싸웠다. 그러므로 진시황은 수많은 사람들을 죽인 덕에 전국시대를 잠시 중지시켰지 끝낸 사람이라 할 수 없다. 통일 이전 전국시대 각 국가들은 싸움에서 살아남기 위해 모두 군국주의를 지향했다. 당시의 법은 사실상 군법이었다. 이기면 남의 것까지 차지하지만 지면 목숨도 잃을 판이니 법이 아무리 혹독하더라도 사람들은 견뎌 냈다.

그러나 진이 통일을 했건만 살림살이는 나아지지 않았고 평화도 오지 않았다. 진은 밑도 끝도 없이 토목공사를 일으키고, 적국이 사라지자 흉노네 남월이네 하는 외국에게 다시 싸움을 걸어 수십만 명을 남북의 전선으로 보냈다. 그러던 차에 변경 수비를 하러 떠난 하층민들이 반란을 일으키면서 진은 무너지게 된다.

진을 무너뜨리고 새로운 나라 한을 세운 사람이 바로 유방이다. 그는 어쩌다 그런 대담한 행동에 나서게 되었을까? 그는 허풍이 센데다 부지런하지도 않아서 생업에 종사하지 않다가, 겨우 정장(亭長)이라는 말단 치안 관리직을 얻었다. 대략 포졸 몇 명을 거느리는

옛 거울에 나를 비추다

사람이라 볼 수 있다. 말단이면서도 이 사람은 거리끼는 것이 없어서 마음대로 술을 마시고 외상을 달고 살면서 취하면 아무데나 드러누워 잤다. 진은 술 관리에 대단히 엄격한 나라였다. 이런 관리는 법에 의해 처벌당하기 십상이다. 때는 바야흐로 진나라의 행정이 문란해지고 반란이 일어나던 시절이었다.

그때 유방은 현의 죄수를 멀리 여산(酈山)으로 호송하는 임무를 맡게 되었다. 시절이 어수선한지라 도중에 도망가는 죄수가 많았다. 당시 죄수를 잃은 관리는 혹독하게 처벌을 받았고 고의로 한 사람 이상을 놓아주면 극형을 받았다. 유방이 곰곰이 생각해 보니 목적지에 가기 전에 다 달아날 기세였다. 어느 날 유방은 행렬을 멈추고 술을 마시더니, 밤에 형도들을 모두 풀어 주며 말했다.

"그대들은 모두 도망치시오. 나도 여기서 도망칠 테니."

이쯤 되면 대책이 없는 말단 관리다. 자신이 처벌을 면하려면 달아나는 자들을 잡든지 죽여서라도 데리고 가야 한다. 이제 고의로 놓아주었으니 유방은 사형을 면할 수가 없는 처지가 되었다. 그는 물론 도망쳤다. 그러나 이것이 그 위대함의 시작이다.

진의 관리지만 진이 만들어 낸 수많은 죄수들을 혹독하게 다룰 수 없어 스스로 도망자가 된 사나이. 그는 애초에 엄청난 포부가 없었다. 골치 아픈 차에 술을 먹고, 술 먹은 김에 베풀었을 뿐이다. 처음 한 사람이 달아났을 때 보통 사람이라면 반드시 잡아들였을 것이다. 그렇지 않다면 남은 사람들에게 매질이라도 했을 것이다. 그러나 유방은 그런 사람이 아니었다. 스스로 편한 것을 좋아했기에 남의 고충도 헤아릴 줄 알았다. 그때 그를 따라 나선 사람이 열 남짓이었다고 한다. 그는 그날 술을 너무 마셔 가는 길에 심지어 쓰러져 잠을 잤다. 이제 될 대로 되라는 심정이 아니었을까?

이리하여 도망자 신세로 숨어 있는 그에게 사람들이 꾸역꾸역 몰려들어 그도 반진(反秦) 봉기의 소두령으로 이름을 올린다. 사람이 융통성이 있고 베풀 줄 알기에 고향의 친구들과 난세의 떠돌이들이 그 아래로 계속 모여들었다. 수많은 싸움 끝에 세를 불린 그는 지름길로 진격하여 진나라 도성 함양의 턱 앞 패상(霸上)에 진을 쳤다. 그때 진왕 자영(子嬰)이 항복을 청하니 여러 장수들이 죽이자고 했다. 그러나 유방은 이렇게 대답했다.

"애초에 회왕(懷王, 반란군의 명목상 우두머리)이 나를 보낸 것은 내가 관용을 베풀 수 있는 사람이라고 생각했기 때문이오. 또 저이가 이미 항복했는데 죽이는 것은 상서로운 일이 아니오."

이렇게 말하고는 진왕을 용서했다. 이리하여 함양에 입성했는데, 여전히 민심의 향배는 알 수 없었다. 언제 전세가 바뀔지 모르는 상황에서 함양의 주민들은 옛날 법에 걸려 죽을까 두려워 사태를 주시했다. 그러자 유방이 부로(父老)들을 모아 이렇게 선포했다.

"부로들께서 오랫동안 진의 법으로 고생하셨습니다. 국가를 비방만 해도 일족을 연좌해 죽이고 모여 말만 해도 저잣거리에서 죽였지요. 저와 제후들이 약조하기를 먼저 관(關, 함곡관)으로 들어온 사람이 왕이 된다고 했으니, 마땅히 제가 관중(關中)의 왕이 되어야 합니다. 그러니 저는 부로들께 약속드립니다. 살인자는 죽이고, 남을 상하게 한 자와 도둑질한 자는 법에 따라 처벌하되, 그 나머지 진나라 법은 모두 없앨 것입니다. 여러 관리들과 백성들은 예전처럼 지내시지요. 제가 온 것은 부로들을 위해서 해악을 없애려는 것이지 여러분을 해치고 난폭한 짓을 하려는 것이 아닙니다. 두려워하지 마십시오."

그러자 진나라 사람들은 구세주를 만난 것처럼 그를 받아들였다고 한다. 물론 싸움이 끝난 것은 아니었지만. 그 후 유방은 숙적 항우와 기나긴 싸움에 돌입한다. 그러나 이 세 가지 행동을 통해 이미 승부는 결판났다고 본다. 죄수를 동정하여 스스로 범법자가 되고, 항복한 자를 학대하지 않고, 혹독한 법에 시달리는 사람들에게 새 세상을 약속한 것이다.

주정뱅이, 허풍쟁이, 게으름뱅이에다 심지어 방만한 관리였던 그가 어떻게 전국시대를 종식시키고 중국사상 최초의 평민 출신 황제가 되었을까? 다른 것이 아니라 보통 사람의 입장에서 그들을 동정했기 때문이다. 그 자신이 활달한 자유인이었기에 남의 자유를 아낄 줄 알았다.

스스로에게 관대하고 남에게 혹독한 사람이 남의 위에 오르면 흔히 압제자가 되고 남의 아래에 있으면 광폭한 사람이 된다. 반면 자신에게 엄격하고 남에게 관대한 사람이 되기는 극히 어렵다. 그러기에 사람들은 자신과 남에게 똑같이 엄격한 사람들을 역할 모델로 삼는다. 그러나 진정한 위인은 자신의 결점을 알기에 남에게 관대한 사람, 바로 보통 사람들 중에 있을지도 모른다.

이리저리 치여 날개를 펴지 못하는 청춘들이 넘치는 세상이다. 하지만 그중에 몇 명의 유방이 있을지 아무도 모르는 일 아닌가.

옛 거울에 나를 비추다

2장.

의리義理를
찾아서

권력의
덫

: 공(公)의 탈을 뒤집어쓴 사(私)

고대의 정치가들도 권력을 사적인 목적으로 쓰는 걸 경계했다. 그러나 공사구분의 원칙은 대단히 지키기 어렵고 공사를 칼처럼 가르는 선이 있는 것도 아니다. 대략 2650년 전 춘추시대에 한 여인을 두고 수많은 남자가 보여 준 행태는 공사의 구분이 얼마나 어려운 것인지, 그러나 공사가 뒤섞이면 얼마나 무서운 일이 벌어지는지를 보여준다.

당시 남방의 대국인 초(楚)나라 근처에 진(陳, 북방의 대국 진(晉)이 아니다)이라는 소국이 있었다. 당시는 사실상 약육강식 사회였지만 겉으로는 인의를 표방하던 시절이었다. 그런데 이 진나라에 정말 공사를 못 가리는 군주와 신하들, 그리고 하희라는 아름다운 과부가 있었다. 과부와 고아를 보호하는 것은 군주의 의무였다. 그러나 군주 영공(靈公), 대신 공녕과 의행보는 이 가련한 여인을 보호하기는커녕 가만두지 않았다. 얼마나 음란했는지, 심지어 조정에서도 이 여인의 속옷을 꺼내서 멋대로 놀았다.

설야(泄冶)라는 신하가 이 꼴을 보지 못하고 간청했다. "군주와 대신이 드러내 놓고 음탕한 짓을 하면 백성들이 무엇을 본받겠습니까?" 그러자 영공은 겉으로는 "잘못을 고치겠다"고 약속했으나 속으로 앙심을 품고 공녕과 의행보에게 일러 설야를 죽였다. 자기들의 사적인 욕심을 채우기 위해 권력이라는 공적인 힘을 사용한 것이다. 이제 걸릴 것이 없는 세 악한이 한꺼번에 과부의 집으로 가서 술을 마시며 하는 말이 가관이었다.

"징서(하희의 아들)의 모습이 그대들과 비슷하오."

"아닙니다. 임금님과 비슷한데요."

밖에서 이 수작을 듣고 있던 징서는 분을 참지 못하고 뛰어들어 활로 영공을 쏴 죽였는데, 그 틈에 공녕 등은 달아났다.

이웃의 초나라는 진나라에 이런 일이 벌어지기만을 기다리던 차였다. 당시 초의 군주는 춘추 제3대 패자로 일컬어지던 장왕(莊王)이었다. 장왕은 신하가 군주를 시해했다는 구실을 들어 질풍같이 진을 침략했다. 그러고는 "하징서를 벌할 뿐이니 동요하지 말라"고 선포했다. 그러나 장왕은 하징서를 죽인 후에 진을 차지해 버렸다. 군신관계를 바로잡는다는 공적인 목적을 핑계 삼아 이웃을 삼키고자 하는 욕구를 채운 것이다. 그러자 초나라의 명망가 신숙시(申叔時)가 장왕을 나무랐다. "죄인을 친다고 제후들을 모아 거사하고, 이제 와서 탐욕으로 일을 그르치려 하십니까?" 장왕은 느끼는 바 있어 신숙시의 말을 듣고 군대를 물렸다.

그러나 장왕은 미인 하희를 보자 욕심이 생겼다. 그러자 굴무(屈巫)라는 이가 말렸다. "어찌 여색 때문에 전쟁을 일으킨다는 오명을 받겠습니까?" 아쉬웠지만 장왕은 이번에도 그 말을 들었다. 왕이 포기하자 초나라 공자 자반(子反)이 이 여자를 취하고자 나섰다. 굴무는 다시 말렸다. 그래서 자반도 그녀를 포기했다.

한데 장왕이 죽고 그 아들 공왕(共王)이 즉위한 후 희귀한 일이 벌어졌다. 굴무가 지위와 재물을 버린 채 하희를 데리고 북방의 대국 진(晉)나라로 망명한 것이다. 자반은 분통이 터졌다. 그래서 새로 즉위한 공왕에게 청했다. "진(晉)나라에 선물을 보내 굴무의 앞길을 막으시지요." 사적인 보복을 하려는 것이다. 그러나 공왕의 생각은 달랐다. "굴무가 자신을 위해 한 행동은 잘못이오. 그러나 우리 선군(장왕)을 위해 한 조언은 충성스러웠소. 그 충성으로 이번 잘못을 덮을 수 있소."

공왕은 공과 사를 명백히 구분하고 있다. 굴무가 아버지 장왕을 위해 한 조언은 공적으로 옳은 것이고, 그의 사적인 행동은 그저 비난을 받으면 족하다는 뜻이다. 공왕은 초나라의 공적인 힘을 굴무를 제지하는 사적인 목적에 쓰지 않겠다고 선언했다. 굴무가 국가에 해를 끼치지 않는 한 군주가 한 개인의 잘못을 권력으로 다스릴 필요는 없다. 이렇게 공왕은 공사가 명확했기에 명성을 얻었다.

실제로 굴무는 한 여자를 사랑한 것 빼고는 항상 국가에 충성했다. 그는 군공을 세운 이들이 땅을 가지는 것을 반대해서 중앙을 강하게 했다. 장왕이 자중(子重)에게 군공으로 중요한 읍을 내리려 하자 굴무는 "중요한 변경의 읍을 개인에게 주면 안 됩니다. 그러면 적국이 바로 쳐들어옵니다"라고 충고했다. 이렇게 장왕은 굴무의 충고를 받아들여 패자가 될 수 있었던 것이다.

그러나 자반은 여전히 굴무가 미웠다. 그는 결국 자중과 결탁해서 굴무의 남은 가족들을 죽이고 가산을 가로챘다. 망명지에 있던 굴무는 소식을 듣고 이를 갈았다. "너희는 무고한 사람들을 무수히 죽였다. 내 반드시 너희를 전쟁에 시달리다 죽게 만들겠다."

그는 진(晉)나라 조정에 남쪽의 오(吳)나라를 끌어들여 초나라를 견제하자고 주장했다. 진나라로서는 오랫동안 초나라와 대결하던 터라 오를 키워서 초를 견제할 수 있다면 나쁠 것이 없었다. 굴무는 오나라에 사신으로 가서 전차를 몰고 활을 쏘는 법을 가르쳤다. 전

옛 거울에 나를 비추다

차전을 배우자 오나라는 강국이 되어 때를 가리지 않고 초나라 동쪽 변경을 괴롭혔다. 자반은 이리저리 장소를 옮겨 가며 오나라와 싸우다 패해 죽었다. 그리고 한참 후 대국 초나라는 신흥 오나라에게 수도를 유린당하는 참화를 겪는다.

그렇다고 굴무를 비난할 수 있을까? 장왕은 사적인 욕심이 있었으나 포기했다. 굴무는 사적인 욕심은 채웠지만 공적인 영역을 침범하지 않았다. 공왕은 공과 사를 명확히 구분했다. 문제는 진(陳) 영공이나 자반 같은 이들이다. 영공이나 공녕은 아예 공사 구분이 없었고, 자반과 자중은 사적인 원한을 공적인 힘으로 풀었다. 그래서 나라가 전란에 휩싸이고 거의 망할 뻔했다.

'더 큰 힘에는 더 큰 책임이 따른다.'

영화 〈스파이더맨〉에 나오는 대사다. 남보다 큰 힘은 남용하지 않고 오직 공적으로 바르게 써야 한다는 뜻이다. 막강한 힘을 가진 개인이나 집단이 그 힘을 사적으로 쓰기로 마음먹으면 힘은 통제를 벗어나 사람을 해친다. 안타깝게도 현실에는 자반과 같은 권력자가 많다. 남용의 유혹에서 벗어나지 못한다면 차라리 사적인 개인으로 돌아가는 것이 나을 것이다.

취해도
흔들리지
말아야 할 것

: 초나라 장왕과 진나라 목공의 술자리

세상에서 가장 많은 관심을 끌며 한편으론 문제가 되기도 하는 음료는 무엇일까? 물을 제외한다면 이와 관련해 가장 이야기를 많이 남긴 음료는 단연 술일 것이다. 그러기에 술처럼 호오가 갈리는 음료도 세상에 다시없다. 애주가 이백은 "한 번 마시면 모름지기 3백잔은 마셔야지" 했고, 절주가 강희제는 '술은 패가망신의 지름길'이라 했다. 그러나 둘 다 자기 분야에서 일가를 이뤘다. 칭기즈 칸은 절대로 술에 취하지 말라 했지만 그 아들 오고타이(우구데이) 칸은 거의 주정뱅이였다. 하지만 둘 다 위대한 군주로 추앙된다.

옛 거울에 나를 비추다

사람들은 도대체 왜 술을 마실까? 마신다면 어떻게 해야 잘 마실 수 있을까? 여기 위대했다고 평가되는 춘추시대 두 군주의 술에 관한 이야기를 들어 보자.

진(秦)나라 목공(穆公)은 배포가 대단히 큰 군주였고 몹시 사람을 아꼈다고 한다. 《여씨춘추》에 이런 이야기가 나온다.

어느 날 목공이 사냥을 나갔다가 말을 놓쳤다. 말을 관리하는 사람이 찾아 나섰는데 한참 후 일군의 야인(시골 사람)들을 만났다. 그런데 그 사람들이 귀한 군주의 말을 잡아먹고 있는 것이 아닌가? 당시 말은 사람보다 귀했다. 관리가 그자들을 법에 따라 처형하려고 하자 목공이 제지했다.

"짐승 때문에 어떻게 사람을 죽인단 말인가? 듣기로 좋은 말을 먹으면서 좋은 술을 안 마시면 몸에 탈이 난다고 하였다. 저 사람들에게 술을 내려라."

그래서 군주의 말을 잡아먹은 이들은 술까지 받아먹었다.

얼마 후 진(秦)은 동쪽의 진(晉)과 사이가 틀어져 원정을 벌이게 되었다. 전쟁은 격렬하게 전개되었는데 목공의 전차가 그만 적에게 포위되었다. 그런데 절체절명의 순간 어떤 부대가 맹렬하게 포위를 뚫고 들어오더니 닥치는 대로 싸워 기어이 목공을 구해서 탈출했다. 그들은 지난날의 은혜를 갚기 위해 목숨을 걸고 달려든 야인들이었다. 이 용사들 덕에 목공은 승리를 거두었고, 나아가 서방의 강자로서 중원을 호령했다.

초(楚)나라 장왕(莊王)도 못지않게 배포가 큰 사람이다. 그는 대단한 애주가였다. 얼마나 술을 마셨는지 등극한 지 3년 동안 술에 빠져 정사를 돌보지 않았다고 한다. 참다못한 어떤 충신이 그에게 수수께끼를 냈다.

"3년 동안 울지도 않고 날지도 않는 대붕(大鵬)이 있다고 합니다. 누굴까요?"

그러자 장왕이 대답했다.

"3년 동안 울지도 않고 날지도 않았으나 한 번 울면 세상을 놀라게 하고 한 번 날면 하늘을 뚫을 것일세."

과연 술만 먹은 것은 아닌지 그때부터 정사를 처리하는 데 막힘이 없었다고 한다.

그러나 그는 여전히 술잔치를 즐겼다. 《설원(設苑)》이라는 책에 나오는 이야기다. 어느 날 장왕은 신하들을 데리고 밤이 될 때까지 술잔치를 벌였다. 얼마나 흥이 났는지 좌우가 거의 취했다. 그때 바람이 획 불어 장내의 촛불을 다 꺼버렸다. 그사이 어떤 신하가 장왕을 모시던 미인을 끌어당겨 수작을 걸었다. 미인은 화들짝 놀라 그 사람의 갓끈을 와락 잡아 뜯었다. 그리고 장왕에게 몰래 말했다.

옛 거울에 나를 비추다

"방금 촛불이 꺼졌을 때 어떤 자가 제 옷을 끌어당기고 수작을 걸었습니다. 제가 갓끈을 잡아 뜯었으니 불을 켜거든 그자를 잡아 주소서."

장왕은 이 이야기를 듣고는 불을 켜지 않은 채 좌중에 명령을 내렸다. "갓끈이 끊어지지 않은 이는 제대로 못 즐긴 것이오. 모두 갓끈을 끊으시오."

이리하여 모든 신하가 갓끈을 끊자 다시 불을 켜고 마셨다. 그날 감히 왕의 미인을 희롱한 범인은 밝혀지지 않은 채 술자리는 계속되었다.

3년이 지나서 초와 진(晉)의 싸움이 벌어졌는데 백중지세였다. 초의 군대가 멀리 나온지라 패한다면 달아나기도 어려웠다. 그때 어떤 용사 하나가 신들린 듯 싸우는데 적과 다섯 번 겨루어 모두 격퇴하고 결국 싸움에서 이겼다. 장왕이 감동하여 그 용사에게 물었다.

"과인이 부덕하여 이처럼 뛰어난 용사를 아직 못 알아보았구려. 어찌 죽음을 불사하고 그토록 용맹하게 싸웠는가?"

그러자 그 용사가 대답했다.

"신은 애초에 죽어야 할 몸이었습니다. 저는 예전에 술에 취해 왕의 미인께 실례를 범한 자입니다. 하지만 왕께서 용서하셨으니 어떻게 보답하지 않을 수 있겠습니까? 항상 간과 뇌를 땅에 뿌리고 목의 피로 적셔 은혜를 갚을 날을 기다렸습니다."

이 용사 덕에 장왕은 북방의 강자 진(晉)을 꺾고 춘추 세 번째 패자의 자리에 오를 수 있었다.

서두에 잠깐 언급했던 폭주가 오고타이 칸의 이야기를 해보자. 당시 몽골 법에 따르면 여름에 흐르는 물에 몸을 씻으면 사형이었다. 오고타이가 형 차가타이와 함께 사냥을 하는데 어떤 이가 물에서 목욕을 했다. 차가타이는 바로 그를 죽이라고 명했다. 그러나 오고타이는 내일 심문하자고 했다. 그러고는 몰래 목욕하던 사람을 불러 말했다.

"내가 물에 은화 한 닢을 넣어 두었다. 심문할 때 '그게 가난한 저의 전 재산이라 건지려고 들어갔습니다'라고 말하라."

과연 심문하니 그 사람이 그렇게 말하는지라, 오고타이는 짐짓 용서하며 말했다. "감히 누가 법을 어기겠는가? 저자는 너무 가난하여 목숨을 건 것이다."

그러고는 오히려 물에 빠트린 것의 열 배에 달하는 은을 내주었다고 한다.

이제 세 사람의 술을 정리해 보자. 목공이 죄를 지은 야인들에게 내린 술은 용서의 술이다. 장왕이 술자리에서 갓끈을 끊으라 한 것도 어떤 이의 실수를 덮기 위해서였다. 그래서 두 사람의 술은 모두

옛 거울에 나를 비추다

인간 사랑의 술이다. 오고타이 칸은 술을 마시고 쉽게 흐트러졌지만 그만큼 남에게도 관대했고 사람을 아꼈다.

지나치면 독이 되는 술. 술에 취하기보다는 사람을 사랑하는 마음에 취해 보면 어떨까?

회수일음삼백배(會須一飮三百杯) 한 번 마시면 모름지기 3백 잔은 마셔야지. 중국 당나라 시인 이백(李白)의 〈장진주(將進酒)〉중 한 구절.
절영지회(折纓之會) 절영지연(折纓之宴) 갓끈을 끊는 연회라는 뜻. 남의 잘못을 너그럽게 용서해 주고 덕을 베풀다.
백중지세(伯仲之勢) 서로 우열을 가리기 힘든 형세. 옛날에 형제의 순서를 백(伯), 중(仲), 숙(叔), 계(季)로 일컬었음.
간뇌도지(肝腦塗地) 간과 뇌를 땅에 뿌림. 나라를 위해 목숨을 돌보지 않고 힘을 다함.

전쟁의
입과 행동

: 필의 싸움이 보여 주는 이기심과 어리석음

인류가 언제부터 전쟁을 시작했는지는 모르겠다. 쇠로 된 칼과 창을
휘두르는 시절이 오더니 급기야 핵무기까지 등장했다. 핵전쟁이 일
어난다면 우리 인류 전체가 위험해질 수 있지만 그럼에도 어떤 이들
은 여전히 갈등만 생기면 싸우자고 한다. 과연 전쟁을 주장하는 사
람들이 평화를 외치는 이들보다 더 용감하고 순수할까?

《춘추좌전》은 절대로 그렇지 않다는 점을 강조한다. 기원전 597
년 남방의 대국 초(楚)와 북방의 강국 진(晉)이 황하 남쪽에서 대회

옛 거울에 나를 비추다

전을 벌였으니 이른바 필(邲)의 싸움이다. 이 싸움에서 조전(趙旃)이라는 이의 행동을 관찰해 보면 주전파(主戰派)의 논리와 행동이 훤히 보인다.

춘추시대 초와 진의 싸움은 대개 정(鄭)나라를 매개로 했다. 초가 강하면 정의 친초파들이 주축이 되어 남쪽에 붙고 진이 강하면 친진파가 주축이 되어 북쪽에 붙었다. 초나 진이 스스로 더 강하다고 자신할 때, 약소국 정이 상대편에 붙으면 싸움이 일어났다.

당시 한껏 기세를 올리던 초장왕은 정나라가 진의 편에 붙자 군대를 이끌고 몰아쳐 당장 항복을 받아냈다. 정나라의 친진파는 진에 구원을 요청했지만 구원병이 너무 늦게 도착하여 초에 항복할 수밖에 없었다. 황하에 도달한 진의 군대는 김이 빠졌다. 구원병 사령관 순임보(荀林父)는 이미 정이 초에 항복했으니 그길로 돌아가려 했다.

그러나 일부 장수들은 싸우자고 난리였다. 이들이 노리는 것은 국가의 이익이 아니라 바로 군공(軍功)이었다. 집안의 장령들을 이끌고 참전하여 이기면 두둑이 한몫을 챙길 수 있었다. 주전파 일부는 사령관의 명도 기다리지 않고 황하를 건넜다. 먼저 건넌 선봉이 고립될까 두려워 전군이 어쩔 수 없이 황하를 건넜지만, 초도 싸움을 피하려 했고 진의 사령관도 피하려 했으니 전쟁은 일어나지 않을 듯했다. 그런데 진의 주전파들이 끝내 사달을 일으켰다. 주전파 조전은 휴전의 맹세를 하고 올 테니 자신을 사신으로 보내 달라고 졸랐다. 그러나 막상 초군 진영에 도달하자 싸움을 걸었다.

다음 날 아침, 초의 진영에서 분노한 장왕의 전차가 달려 나왔다. 싸움을 걸었던 조전은 막상 용사와 뛰어난 조종수를 대동한 초왕의 전차가 달려들자 혼비백산하여 달아났다. 그는 얼마나 급했던지 자기 전차도 버리고 초왕의 전차를 피해 숲으로 도망갔다. 그러나 왕의 전차에 동승한 용장 굴탕(屈蕩)이 숲으로 따라 들어가 조전의 갑옷을 벗겨 빼앗고 그를 놓아주었다.

진나라 본영에서는 사신으로 갔던 조전 일행을 맞으러 나갔지만, 추격하던 초군은 진나라 본진에서 정식으로 싸움에 응하는 것으로 오해했다. 그래서 초군의 사령관 손숙오(孫叔敖)는 돌격 명령을 내렸다. "돌격하라. 먼저 들이쳐서 적의 사기를 꺾어라."

사실 손숙오는 처음부터 전쟁에 반대했던 사람이지만 사태가 이렇게 되자 추상같은 명령을 내렸다. 반면 방비가 부족한 진군은 퇴각 명령에 따라 황하까지 밀려 다투어 배에 올랐다. 너무 많은 사람이 배에 오르면서 배가 뒤집히려 하니 군인들이 뱃전을 잡은 손을 마구 잘랐다. 이리하여 잘린 손이 배에 가득 찼다.

이렇게 진군이 일방적으로 당하고 있을 때 조전은 자신의 튼튼한 말 두 마리를 형과 숙부에게 주고 자기 전차로 돌아왔는데 이미 초군이 닥쳤다. 이번에도 조전은 전차를 버리고 숲으로 내달았다. 그때 진군의 봉대부(逢大夫)가 아들 둘과 전차를 함께 타고 퇴각하다 조전이 달아나는 꼴을 봤다. 그는 모른 체하고 아들들에게 말했다. "신경 쓰지 마라." 그러나 젊은 아들들은 조전을 외면하지 못했다. "조씨 영감(조전)이 뒤에 처졌습니다." 봉대부는 아들 둘에게 화를 내면서 소리쳤다. 그리고 나무 하나를 가리켰다. "내려라. 내일 너희들의 시체를 저 나무 아래서 찾겠다." 아들들이 내리자 다시 전차를 몰고 가 조전에게 밧줄을 던졌다. 조전은 그 밧줄을 잡고 전차로 올라와 전장을 탈출했다.

그날 전장은 진군의 시체로 가득 찼다. 장왕은 몰아치다가 황하에서 진의 군관이 배에 오르려는 병사들의 손을 마구 자르는 것을 보고는 군대를 멈추고 탄식했다. "멈춰라. 저 나라 군주와 과인이 함께할 수 없을 뿐이다. 저 백성들이 무슨 죄가 있겠는가." 그리하여 초군이 멈추자 진군은 가까스로 탈출할 수 있었다.

싸움이 끝나자 초나라 장군 한 명이 건의했다. "적의 시체를 모아 경관(京觀)을 만들어 자손들이 이 대승을 잊지 않도록 하시지요." 그러자 장왕은 반대했다. "무(武)란 창(戈)을 멈추는(止) 것이다(武=止+戈). 내가 양국 장정들의 뼈를 들판에 뒹굴게 하고도 나라를 안정시키지 못하고 싸움을 멈추지 못했는데 이게 무슨 공인가? 경관이란 사악한 자들의 시체로 만드는 것이다. 자기 군주에게 충성하다 죽은 죄 없는 이들의 시체를 쌓아 어찌 경관을 만들 것인가?"

이리하여 경관을 만들지 않고 싸움이 수습되었다. 다시 검토해

보자. 필의 싸움에서 퇴각할 때 복병을 두어 진의 전군이 전멸하는 화를 면하도록 한 이는 싸움을 반대하던 사회(士會)였다. 그럼 싸움을 찬성하던 이들은 그날 어디에 있었나? 퇴각하는 군중 사이에 있었다. 조전 또한 싸움을 건 직후에 무장해제 당하는 치욕을 겪고 계속 달아났다. 봉대부의 두 아들은 어떻게 되었을까? 조전 탓에 전차에서 내렸던 훌륭한 두 청년은 결국 전장의 이슬이 되고 말았다.

우리는 분단국가에 살고 있다. 상대가 하는 짓이 아무리 미워도 싸움은 최후의 방편이다. 끝까지 피해야 하고 또 충분히 피할 수 있다. 석연치 않은 이유로 군역도 마치지 않거나 정작 자기 아들은 이런저런 핑계로 군대에도 보내지 않은 정치인들이 갈등만 생기면 전쟁을 입에 올린다. 과연 나라를 위한 마음일까, 자신의 이익을 위한 것일까?

필(邲)의 전투 기원전 597년에 필(邲) 땅에서 벌어진 진(晉)과 초(楚)의 대전투이자 춘추 5대전 중 하나. 이 전쟁에서 초나라가 진나라를 대파함으로써 진문공(晉文公) 사후 양공(襄公), 영공(靈公), 성공(成公)의 3대 치세 동안 명목상이나마 겨우 패권을 유지하던 진나라의 국제적 위상은 추락하고, 초나라가 제(齊)와 진에 이어 춘추시대 세 번째 패업(覇業)을 달성하게 되었다.
혼비백산(魂飛魄散) 넋이 날아가고 넋이 흩어지다. 몹시 놀라 어찌할 바를 모름.
경관(京觀) 큰 구경거리라는 뜻으로 전공(戰功)을 보이기 위하여 전쟁이 끝난 뒤에 적의 시체를 쌓아 올리고 흙을 덮은 큰 무덤.

옛 거울에 나를 비추다

물길을 막으면
터진다

: 정나라 자산이 말하는 언론의 자유

기원전 6세기 중엽 춘추시대, 정(鄭)나라의 위대한 정치가 자산(子
産, 1장 49쪽 〈압도당하지 말고 이용하지도 말라〉 참고)은 언론 자유의 의
미를 깨달았던 사람인 듯하다. 엄격한 정치인이었던 그는 임종 시에
후계자에게 이런 말을 했다.

"차라리 엄격한 정치를 하는 것이 낫습니다. 사람들은 불을 무서
워하고 물을 쉽게 보기에, 불에 상하는 사람보다 물에 빠져 죽는 사
람이 많습니다."

이렇게 엄격한 사람이라면 그가 정치를 할 때 분위기는 살벌했

을까? 조그마한 잘못도 마구 처벌하고, 입바른 소리는 감히 하지 못했을까? 그런데 사람들은 오히려 더 와글와글 정치 이야기를 입에 올렸던 모양이다. 그가 강고한 개혁정치를 밀어붙이고 있었기에 불만을 품은 이들이 많았던 탓이다. 옛사람의 말을 들어 보자. 모두 《춘추좌전》에 나오는 이야기다.

그 당시 수도 사람들은 향교(鄕校)에 모여 정치에 대해 훈수를 두고는 했다. 향교에서 새어 나오는 정견(政見)이 너무 분분하자 대부 연명(然明)은 자산에게 차라리 향교를 폐지하자고 건의했다. 소위 국론을 통일하여 권위를 세우자는 말이렷다. 그러자 자산이 이렇게 대답했다.

"어찌 그리하겠습니까. 사람들이 조석으로 향교에 모여 집정의 정치를 의논하는데, 저는 그저 옳다 하는 것은 행하고 그르다 하는 것은 반성하여 고치면 됩니다. 향교는 저의 스승인데 폐지하다니요. 정성스럽게 선행을 쌓아 원망을 줄인다고 들었지 힘으로 원망을 틀어막는다는 말은 못 들었습니다.

힘으로 여러 사람의 입을 잠시야 못 막겠습니까? 허나 이것은 강을 막는 것과 같아서 물이 차올라 제방이 터지면 반드시 여러 사람을 해칠 것입니다. 그때는 저도 어찌할 도리가 없겠지요. 차라리 길을 터서 조금씩 흐르도록 하는 것이 낫습니다. 또한 제가 그들의 충고를 받아들여 저를 고치는 약으로 쓰는 게 낫습니다."

옛 거울에 나를 비추다

그들의 질타를 국정의 거울로 삼겠다는 말이다. 이 말을 듣고 연명은 감탄했다.

"오늘에야 저는 어르신의 진면목을 알았습니다."

훗날 공자도 이 말을 듣고 "나는 앞으로 누가 자산이 착하지 않다고 하더라도 믿지 않겠다"라며 자산을 칭찬했다.

자산이 보기에 언로(言路)는 나라의 혈관이었다. 혈관이 막히면 결국에는 터진다. 오늘날에도 권력을 얻은 이는 눈에 보이는 이익을 위해서든, 더 오랜 집권을 위해서든 인민의 입을 막고자 한다. 말을 막지 않고 스스로 반성하며 그것을 정치의 기반으로 삼는 지도자가 되기란 참으로 어렵다.

자산이 이런 말을 하기 얼마 전에 진(晉)의 악사 광(曠)은 오히려 향교에서만 말이 나오도록 하는 것이 아니라 모든 사람이 자유롭게 사회의 문제점을 말해야만 권력이 썩지 않는다고 말했다. 당시 위(衛) 헌공(獻公)은 측근을 매질하고 신하들을 희롱하다가 쫓겨나 제나라로 갔다.

진(晉)의 도공(悼公)이 군주의 입장에서 광에게 물었다.

"그렇다고 군주를 쫓아낸 것은 너무 심하지 않소?"

그러나 광의 생각은 달랐다.

"군주가 오히려 더 심했던 것 아니겠습니까? 훌륭한 군주라면 백성들이 어버이처럼 사랑하고 신명처럼 공경하며, 일월처럼 우러르고 우레처럼 두려워할 것인데 감히 쫓아내겠습니까?"

그 이유를 설명하다가 광은 언론의 역할을 말한다. 군주 이하 누구든지 스승의 가르침을 받고 동료의 충고를 받아들이고 아랫사람의 비난을 감수해야 한다고 말이다.

"왕 이하 모든 이가 부형자제끼리 서로 행동이 바른지 살펴 주어야 합니다. 사관은 책을 만들고, 맹인은 시를 읊고, 악사는 노래로 풍자하여 잘못을 지적하고 타이르며, 선비는 여론을 전하고, 보통 백성은 잘못이 있으면 와글와글 비방합니다."

그리고 당시로서는 깜짝 놀랄 만한 말을 한다.

"옛날에 잘못을 지적하는 것이 참 흔했습니다. 하늘은 참으로 백성을 사랑합니다. 헌데 어떻게 우두머리 한 사람이 만백성 위에 군림하며 방자하게 행동하여 하늘과 땅의 본성을 버리게 하겠습니까? 절대 그럴 리가 없습니다."

하늘과 땅이 백성을 사랑하는 것은 그 본성이니, 천지의 본성을 한 사람이 막을 수 없다는 뜻이다. 또한 강이 흐르듯이 말로 잘못을 지적하는 것은 백성의 본성이다. 강을 영원히 막을 수 없듯이 백성의 본성도 영원히 틀어막을 수 없다.

요행히 잘 틀어막아서 터지지 않는다면 어떻게 될까? 고인 것은 그 안에서 썩는다. 《삼국지》에 명의 화타가 한 명언이 나온다.

"몸을 움직이면 곡기가 소화되고 혈맥이 통해서 병이 생기지 않는다. 비유하자면 문지도리가 썩지 않는 것과 같다."

지도리는 끊임없이 회전하고 마찰하기 때문에 곰팡이나 벌레가 낄 틈이 없다. 사람이 병이 생기지 않는 이유는 음식을 소화하고 피를 돌게 하기 때문이다. 피가 돌지 않으면 몸은 죽는다. 나라의 언로는 몸의 혈관과 같다.

예나 지금이나 한목소리를 지나치게 강조하여 심지어 역사도 한목소리로 통제하려는 지도자들이 있다. 왕조 시대에도 되지 않았던 일을 오늘날 실현할 수 있을 것인가?

사관의 주된 임무는 책을 만들어 권력의 잘못을 기록하는 것이지, 다른 의견을 틀어막고 자화자찬하는 것이 아니다. 말을 하고자 하는 욕구는 인체를 움직이고자 하는 욕구와 마찬가지로 인간의 천성이다. 와글와글 여러 의견이 이는 것은 나라가 살아 있다는 증거다. 말이 막히면 나라가 질식하고, 막힌 것이 터지면 사람들이 다친다.

대부(大夫) 중국에서 벼슬아치를 세 등급으로 나눈 품계의 하나. 주(周)나라 때에는 경(卿)의 아래 사(士)의 위였다.

과연 복지는
낭비일까?

: 와신상담 그 숨은 이야기

처절한 복수를 노리는 사람들의 고행을 흔히 와신상담(臥薪嘗膽)이라 하고, 원수지간이 부득이 동거하는 것을 오월동주(吳越同舟)라 한다. 모두 기원전 5세기가 막 시작되었을 때 오나라와 월나라가 보여 준 섬뜩한 복수극에서 나온 고사성어다. 하지만 피 튀기는 복수극의 표면 아래 정말 역사적으로 중차대하며 오늘날에 봐도 흥미로운 어떤 정책이 시행되었다는 것을 알까?

앞서 1장에서 우리는 아버지를 잃은 오자서(伍子胥, 오원)가 동쪽 오나라로 망명하여 고국 초나라를 멸망 직전까지 몰고 가는 것을 목격했다(1장 60쪽 〈악인 하나면 나라도 무너뜨리니〉 참고). 오자서가 섬긴 군주는 합려(闔閭)다. 무명(武名)을 떨치던 합려는 더 남쪽의 비슷한 종족인 월나라 왕 구천(句踐)과 싸우다 부상을 입어 죽고 말았다. 죽기 전 합려는 아들 부차(夫差)에게 복수를 부탁했고, 부차는 오자서를 앞세워 드디어 아버지의 원수를 갚는다.

궁지에 몰려 산속으로 도망친 구천은 체면을 팽개치고 목숨을 구걸했다. 부차는 차마 아버지의 원수를 죽이지는 못하고 살려 주었다. 그러나 그 대신 구천은 오나라로 가서 하인 노릇을 해야 했다. 일설에 따르면 구천은 부차가 병이 나자 심지어 그의 똥까지 맛보며 환심을 샀다고 한다. 구천이 이렇게 간과 쓸개를 다 빼주며 몸을 낮춰 섬기자 부차는 결국 구천을 돌려보냈다.

월나라를 항복시킨 부차는 기세등등 북쪽의 중원을 엿보며 해가 멀다 하고 싸움을 벌였다. 구천은 원정군을 지원하는 것처럼 하며 은근히 싸움을 부추기면서 속으로는 치욕을 되갚을 생각만을 하였다. 오자서는 "이렇게 싸움만 하다가는 나라가 거덜 난다"며 끝없이 간언했지만 승리에 눈이 먼 부차는 들은 척도 하지 않았다.

그럼 간신히 돌아간 구천은 복수를 위해 어떤 대책을 세우고 있었을까? 물론 쓸개를 핥고 장작 위에서 잠을 자가며 이를 간 것은 기본이다. 복수를 위해 그가 한 일은 뜻밖에도 어린이와 청년 복지 정책을 마련한 것이었다. 2500년 전의 일이라고 믿기지 않는가? 그러나 《사기》보다 훨씬 오래된 사서이자 가장 신뢰받는 사서 가운데 하나인 《국어》에 그의 정책이 아주 자세히 나와 있다. 구천이 내린 칙령의 대강은 이렇다.

〈국가는 다음과 같이 명한다〉

젊은 남자와 나이 든 여자, 늙은 남자와 젊은 여자의 결혼을 금한다.

여자가 17세가 되어도 결혼하지 않고 남자가 20세가 되어도 결혼하지 않으면, 그 부모가 벌을 받는다.

출산을 하려는 이가 정부에 알리면, 정부의 의사가 가서 분만을 담당한다.

아들을 낳으면 술 두 병에 개 한 마리, 딸을 낳으면 술 두 병에 돼지 한 마리를 준다.

세쌍둥이를 낳으면 정부에서 보모를 붙여 주고, 쌍둥이를 낳으면 정부에서 양식을 대준다.

큰아들이 죽으면 3년 동안 부세를 면하고, 나머지 아들이 죽으면 3개월의 부세를 면제한다.

구천의 정책은 단순 명확하다. 아이를 낳으면 국가가 책임질 테니 마음 놓고 낳아라. 권력이나 돈이 있다고 해서 늙은 사람이 젊은

옛 거울에 나를 비추다

사람을 얻어서는 안 된다. 아들과 딸의 차별도 없다. 모두 술 두 병에 짐승 한 마리다. 쌍둥이를 낳은 산모는 힘이 드니 산모의 복지도 고려한다. 그리고 국가는 젊은이의 죽음을 함께 슬퍼한다.

지금 들어도 신선하고 파격적인 정책이지만, 구천은 그대로 실천했다. 그래서 후대의 사서에는 "구천이 고아를 길러 복수했다"는 이야기도 등장한다.

이런 복지를 실천하자면 낭비가 적어야 하고, 또 놀고먹는 사람들이 없어야 한다. 그래서 구천은 자기가 먼저 나섰다. 그는 직접 씨 뿌린 것이 아니면 먹지 않고, 자기 부인이 베를 짜서 만든 옷이 아니면 입지 않고 10년 동안 고생하며 백성들에게서 세금을 걷지 않았다고 한다. 아래위가 함께 일한 대가로 먹고 어린이와 산모를 보살피고 키운 결과, 월나라는 인구가 크게 늘어나고 먹고 입는 것이 넘치는 나라가 되었다.

그때 오나라 조정에서는 어떤 일이 벌어졌을까? 싸움만 좋아하고 백성들의 복지에 관심이 없는 부차에게 바른말만 하는 오자서는 눈엣가시였다. 북쪽 제나라와의 싸움에서 진을 다 빼다가 가까스로 이기고 돌아오니 오자서는 또 입바른 말을 했다. "우리 병사들 다 죽이고 이기는 것이 무슨 이득이 있습니까? 제발 싸움을 중단하소서."

그러자 부차는 참지 못하고 오자서에게 칼을 주며 자결을 명했다. 오자서는 죽기 전에 이런 말을 했다고 한다.

"내 눈을 뽑아 동문에 걸어 두어라. 월나라 사람들이 들어와 오나라를 멸하는 것을 볼 터이니!"

충신 오자서는 그렇게 죽었다. 그러자 부차는 오자서의 예언이 실현되지 못하도록 죽은 이의 눈을 뽑고, 시체를 말가죽 자루에 넣어서 강에 던져 버렸다.

그리고 얼마 뒤 구천이 보무당당하게 쳐들어와 오나라를 멸망시켰다. 싸우다 지치고 마침 흉년까지 들어 먹을 것이 없었던 오나라 사람들은 전쟁 없이 배불리 먹고 입으며 살아온 월나라 사람들과 싸울 생각도 못 하고 흩어지고 말았다. 복지 없는 나라의 백성이 복지를 누린 나라의 백성에게 패한 것이다. 부차는 죽으면서 오자서 보기가 부끄러워 천으로 얼굴을 가렸다고 한다.

흔히 복지는 일하기 싫어하는 좌파들의 주장이며 낭비일 뿐이라고 하는 분들이 있다. 그러나 프로이센의 철혈재상 비스마르크는 프랑스와 싸워 이기고 독일을 통일하여 제국을 세운 직후에 사회보장 정책을 들고나왔다. 그가 복지정책을 추진한 큰 이유는 바로 노동자들의 생활이 너무 열악해져서 사회주의자들이 득세할까 두려웠기 때문이다. 구천이 어린이들을 보살핀 것 또한 처음부터 순수한 것은 아니었다. 그는 어린이들을 키워 강한 군인으로 만들기 위해서 복지정책을 펼쳤다. 그렇지만 결과를 보았다.

옛 거울에 나를 비추다

'헬조선'이라는 젊은이들의 비명이 들린다. 과연 여전히 '복지는 낭비'일까?

와신상담(臥薪嘗膽) 불편한 섶(땔나무)에 몸을 눕히고 쓸개를 맛본다는 뜻으로, 원수를 갚거나 마음먹은 일을 이루기 위하여 온갖 어려움과 괴로움을 참고 견딤을 비유하는 말.
오월동주(吳越同舟) 서로 적의를 품은 사람들이 한자리에 있게 된 경우나 서로 협력하여야 하는 상황을 비유하는 말. 서로 적대시하는 오나라와 월나라 사람이 같은 배를 탔으나 풍랑을 만나서 서로 단합해야 했다는 데에서 유래한 말. _《손자(孫子)》〈구지(九地)〉편

제물로 태어난
사람은 없다

: 악습을 끊은 위나라 명관 서문표

위(魏)나라 문후(文侯)는 전국시대 초반의 명군이고 서문표(西門豹)
는 그 아래서 출사한 명관이다. 《전국책》과 《사기》의 〈골계열전〉에
서문표에 관한 재미있는 이야기가 실려 있다.

서문표는 나라의 중요한 지방인 업(鄴)의 수령으로 발령을 받았
다. 출발하면서 그는 문후에게 어떻게 하면 임지를 잘 다스릴지 물
었다. 문후는 이렇게 대답했다.

"임지에 도착해 나이 든 분을 보면 자리를 양보하고, 선비를 보면
스승으로 모시고 이 고을에 똑똑한 사람이 누구인지 물어보시오. 남

118   옛 거울에 나를 비추다

의 좋은 점을 가리고 나쁜 점을 들추는 이라면 경계하시오. 이 세상에는 사이비가 많소."

서문표는 문후의 충고를 가슴에 품고 임지로 떠났다. 업에 도착하자 그는 군주의 말을 따라 어른들을 모시고 어려운 점을 물었다. 업의 장로들이 이렇게 대답했다.

"하백(河伯, 황하의 신)을 장가보내는 일 때문에 괴롭습니다."

업에는 황하의 지류인 장수(漳水)가 흐른다. 왜 그렇게 힘들었을까? 장로들이 대답했다.

"우리 업의 삼로(향관)와 속리들이 해마다 이삼십만 전을 들여서 하백을 장가보내고 나머지는 푸닥거리를 하는 무당들과 나눠서 가집니다. 하백을 장가보내는 날이 되면 여염으로 찾아다니며 참한 처녀를 고릅니다. 맞춤한 처녀를 찾으면 목욕재계 시키고 잘 꾸며서 강가의 임시 처소에 두고 잘 먹이지요. 하백을 장가보낼 날이 오면 그 처녀를 신방처럼 꾸민 탈것에 실어서 물에 떠내려 보냅니다. 얼마 지나면 가라앉겠지요.

그래서 어린 딸을 가진 집들은 무당이 여식을 데려갈까 집을 버리고 도망가서 마을이 비고, 이렇게 돈을 쓰니 사람들이 자꾸 가난해집니다. 사람들 말로는 하백을 장가보내지 않으면 하백이 홍수를 보내 사람들을 죽인다고 합니다."

가만히 듣고 있던 서문표가 대답했다.

"네, 좋습니다. 하백을 장가보내는 날이 되면 제게 알려 주십시오. 저도 수령이 된 몸이니 함께 그 여식을 전송하고 싶습니다."

하백을 장가보내는 날이 왔고 서문표 또한 그 장소에 갔다. 삼로니 속관이니 하는 이들이 몰려나오고 고을의 이름깨나 있는 토호들이 앞에 자리를 잡고 뒤에는 구경하는 백성들이 몇 천이었다. 서문표도 자리를 잡았다. 이 푸닥거리를 집행하는 늙은 무당도 여자 제자 열 명 남짓을 데리고 등장했다. 지방관으로서 서문표가 한마디했다. "오늘 시집갈 처녀를 데려와 보시오. 어디 용모가 괜찮은지 봅시다."

서문표는 장막 밖으로 나온 처녀를 한번 보더니 이렇게 선포했다. "이 처녀는 용모가 빠지는구려. 여보게, 큰 무당. 자네가 일단 물에 들어가서 하백에게 다른 날 더 나은 처녀를 보내 준다고 말해 주게."

그러고는 관졸을 시켜 할머니 무당을 물에 던져 버렸다. 좌중은 창졸간에 사색이 되었다. 할멈이 무슨 힘이 있어서 물 밖으로 나오겠는가?

얼마 지나 서문표가 또 명했다.

"할멈은 왜 이리 안 나오나? 제자가 들어가 데리고 오라."

할멈 무당의 제자 하나를 잡아서 다시 물에 던졌다. 물론 그녀도 나오지 못했다. 서문표는 다른 제자를 또 던져 넣었다. 물론 그녀도 나오지 못했다.

옛 거울에 나를 비추다

그러자 서문표는 짐짓 짜증을 내며 말했다.

"여자들이라 제대로 말을 못했나 보군. 삼로가 들어가서 하백에게 좀 잘 설명해 주시오."

이번에는 삼로를 강에 던져 넣었다. 서문표는 딴청을 부리며 강을 바라보는데 이 푸닥거리에 연루된 사람들은 좌불안석이었다. 그때 서문표가 몸을 돌리더니 그들을 둘러보며 말했다.

"이런! 삼로마저 안 돌아오니 이를 어쩌오?"

그러고는 속리와 토호 하나를 지목한 다음 강으로 들어가 재촉하라고 시키니 그들은 급기야 땅에다 머리를 찧으며 살려 달라고 애원했다. 서문표는 그들을 외면하고 조금 더 시간을 끌다가 말했다.

"오늘 하백이 손님들을 오래 붙들고 있구먼. 그대들은 다 일어나 집으로 돌아가라. 오늘 행사는 끝이다."

물론 하백에게 바쳐질 뻔했던 처녀는 무사히 집으로 돌아갔다. 이 일이 있은 후로 누구 하나 하백에게 처녀를 시집보내야 한다는 말을 꺼내지 못했다. 까마득하게 오래된 악습이 이런 극단적인 조치를 통해 끝장난 것이다.

공자는 무덤에 사람 인형을 묻는 이들에게는 후손이 없을 것이라고 저주했다. 천지에서 제일 귀중한 것은 사람이니, 사람의 형상도 죽은 이와 함께 묻어서는 안 된다는 것이다. 서문표는 공자가 임종한 지 얼마 안 되어 지방관을 역임한 사람이다.

필자의 고향 안동에는 낙동강이 있다. 고등학생 시절 다리 위에서 도시를 흐르는 강의 모랫바닥 위로 은어가 물살을 헤치며 올라가는 모습을 물끄러미 내려다보곤 했다. 이제는 콘크리트로 덮인 강바닥에서 은어는 사라졌다.

과거 지방의 토호와 속관들은 처녀를 바치지 않으면 홍수가 난다며 약한 여자를 희생양으로 삼아 자기 뱃속을 채웠다. 물론 다수의 백성들이 홍수를 피하기 위해 남의 딸을 강에 빠뜨리는 데 동조했기 때문에 가능한 일이었다. 오늘날 토호들은 지방경제를 핑계로 강을 죽인다. 하백에게 바쳐진 처녀들을 생각할 때마다 왜 자꾸 사라진 은어가 떠오를까.

사이비(似而非) 겉으로 보기에는 비슷한 듯하지만 근본적으로는 아주 다른 것.
삼로(三老) 백성의 교화를 담당한 향관으로, 인망 있는 지방 토호 중에서 임명.

옛 거울에 나를 비추다

나무 같은
정치

: 장자가 말하는 정치인의 의무

어떤 역사가는 전국시대를 두고 '인민이 다 닳고 갈려 없어지던 시절'이라고 묘사했다. 기원전 5세기 중반부터 약 250년간 이어진 이 기간 동안 작은 나라들은 이리저리 병탄되고 이른바 전국7웅이라는 일곱 나라가 끝까지 각축을 벌였다. 최후의 한 명이 남을 때까지 싸움을 반복하는 토너먼트 경기처럼 나라들이 생존을 걸고 싸웠다. 전쟁의 소용돌이에 휘말린 백성들은 눈물을 흘리면서도 벗어날 곳이 없었다. 그때는 이미 국민개병(國民皆兵) 시대였으니까.

그러다 보니 사회철학자들이 등장하여 저마다 전국시대의 혼란상을 해결할 수 있노라고 주장했다. 그중 대표적인 유파가 유가(儒家), 법가(法家), 묵가(墨家), 도가(道家)다. 네 유파 중 가장 인간 중심적 면모를 가진 도가의 장문인 격인 사람이 이 글의 주인공 장자(莊子)다. 장자와 그 추종자들이 함께 쓴 문집《장자》중〈거협(胠篋)〉편에 이런 재미있는 이야기가 나온다.

상자를 열고 주머니를 뒤지고 궤짝을 여는 도둑을 막자면 분명 끈으로 꽁꽁 묶고 자물쇠를 단단히 채워야 한다. 이것이 세상 사람들이 흔히 말하는 도둑을 막는 법이다. 하지만 정말 큰 도둑이 들어와 훔친다고 생각해 보자. 그자는 상자든 궤짝이든 통째로 들고 달아날 테니, 오히려 자물쇠가 덜 채워져 물건이 쏟아질까 걱정할 것이다. 오늘날 고을을 다스리는 소위 지혜로운 이들이란 큰 도둑을 위해 재물을 쌓는 이들에 불과하지 않은가?
세상에 소위 지혜롭다는 이들 중에 도둑을 위해 재물을 쌓지 않는 이가 있는가? 옛날 강씨의 제나라는 성인의 방식을 따라 커다란 나라의 수많은 읍을 다스렸지만, 전씨가 하루아침에 강씨 임금을 죽이고 그 큰 나라를 도둑질했다. 전씨가 그 나라만 훔쳤을까? 성인이나 현인이 나라를 다스리던 그 법도까지 훔쳤다.

궤짝을 통째로 훔쳐 가는 큰 도둑은 누구를 말하는 걸까?

옛 거울에 나를 비추다

도척(盜跖)은 노(魯)나라에서 이름을 날리던 도적이었다. 하루는 도척의 부하가 그에게 물었다.

"도둑에게도 도(道)가 있습니까?"

그러자 도척이 대답했다.

"세상 어딘들 도가 없겠는가? 남의 방 안에 뭔 물건이 있는지 알아내는 것(妄意, 음험한 마음을 가지고 짐작하는 것)이 바로 성스러움이고, 남보다 먼저 들어가 훔치는 것이 용감함이며, 남보다 늦게 나오는 것이 의로움이며, 이번 절도 행각이 성공할지 실패할지 예측하는 것이 지혜로움이고, 훔치고 나서 물건을 골고루 나누는 것이 착함이다. 이 다섯 가지 도둑의 도를 갖추지 않고 크게 성공한 도둑은 세상에 없도다."

이야기를 정리하면 이렇다. '전국시대의 큰 나라들은 이른바 큰 도둑들이다. 한 나라를 잘 다스리고 창고를 가득 채워 놓으면 큰 도둑이 와서 다 가져간다. 나라를 잘 다스린다는 이들은 사실은 큰 도둑을 위해 봉사하는 것과 같다.'

장자의 말을 듣다 보면 힘이 빠진다. 흔히 말하는 자그마한 나라에서 정치를 하는 것이 과연 어떤 의미가 있을까? 결국 큰 도둑 배를 불리는 일인데, 그렇다면 혼란기에는 정치라는 것이 필요 없을까? 또 이런 이야기도 실려 있다.

나라의 창고를 채우자면 백성들에게서 짜내야 한다. 백성들은 그저 배부르게 입고 먹으면 그뿐인데, 그들에게 창을 들고 전쟁터로 나가 싸우라고 한다. 잘 싸우는 사람을 말에 비유하면 '천리마'다. 그런데 천리마가 어떻게 만들어지는 줄 아는가? 재갈을 물리고, 멍에를 씌우고, 말을 안 들으면 마구 두들겨 패고, 마구간에 가두어 신선한 풀 대신 여물 끓인 것을 먹여서 길들인다. 열을 길들이면 겨우 한둘이 남아 소위 천리마가 되는데 그게 말 자신을 위한 것인가? 들판에서 뛰어다니며 풀을 뜯어 먹는 것이 말의 본성 아닌가?

나라의 창고를 채우고 군대를 키우는 사람이 바로 정치인이고 관리다. 그들이 하는 일은 결국 사람의 본성을 해치는 것 아닌가? 그래서 장자의 철학은 개인주의의 극단으로 오해된 측면이 많다. 장자는 개인을 해치는 정치인들을 경계하는 우화를 썼을 뿐이다. 오히려 장자는 누구보다 정치인들의 의무를 강조했다.

들판은 말을 위한 것이고 정치는 사람을 위한 것이다. 장자는 사람 개개인을 잊은 정치는 의미가 없으며, 정치가들이 자기도 모르게 큰 도둑을 위해 보통 사람들을 해치는 활동을 하면서 정의니 용기니 하는 구호를 외칠 수 있음을 경계한다. 〈소요유(逍遙遊)〉 편에 장자가 보는 정치의 해답이 들어 있다.

옛 거울에 나를 비추다

혜자(惠子)가 말했다.

"내게 큰 나무가 있소. 사람들은 그걸 가죽나무라고 하지. 줄기는 울퉁불퉁 혹이 나서 먹줄을 댈 수가 없고, 가지는 뒤틀려서 자를 댈 수가 없네. 길옆에 서 있건만, 목수들은 쳐다보지도 않네. 지금 장자 자네의 말은 크긴 하지만 쓸모가 없으니, 여러 사람이 모두 외면할걸세."

장자가 대답했다.

"유독 그대만 삵이나 족제비의 행동을 보지 못한 것이오? 그놈들은 몸을 구부려 엎드려 있다가 먹이가 튀어나오는 것을 기다리고, 동서로 뛰어다니며 높은 곳 낮은 곳을 가리지 않지만, 결국 덫에 걸려 그물 속에서 죽음을 맞이하오. 하지만 리우(犛牛)라는 소는 크기가 하늘에 드리운 구름 같소. 그놈은 큰일은 할 줄 알지만, 쥐를 잡을 줄은 모르오. 지금 그대는 큰 나무가 있다면서 그 쓰임이 없는 것을 걱정하십니다. 어찌 아무도 없는 한적한 고을 광막한 들판에 나무를 심어 두고, 그 옆을 어슬렁거리다가 그 아래서 한가히 누워 잠이나 자지 않습니까?"

정치가 굳이 개인을 해칠 필요가 있을까? 아무 말 없이 밭 가는 소와 있는 듯 없는 듯 그늘을 주는 나무 같은 정치도 분명 있을 것이다.

충(忠)이란
무엇인가

: 자객 예양과 섭정의 죽음

커다란 북방의 진(晉)나라가 위(魏), 한(韓), 조(趙) 셋으로 갈라지자 전국시대는 점입가경으로 치닫는다. 싸움의 시절에 무사들이 빠질 수 없으니, 하급 무사들이 출세를 위해 이리저리 주인을 찾아다녔다. 주먹질에 체면 없듯이 싸움이 격해질수록 규칙도 이지러졌다.

그때 한 시대를 떠들썩하게 했던 이들이 있었으니 칼로 사람을 찌르는 사람, 바로 자객이다. 《사기》, 《전국책》, 《여씨춘추》 등에 있는 기록을 모아 두 자객의 행보를 살펴보자.

옛 거울에 나를 비추다

진(晉)나라 예양(豫讓)은 지요라는 사람을 섬겼는데, 주군 지요는 조무휼이라는 이와 싸우다 패해 죽었다. 지요는 성정이 괴팍해서 평소에 조무휼을 자주 능멸했다. 그러다 싸움이 벌어져 조씨가 이겼으니, 이리하여 조씨의 조나라가 생겼다. 조무휼은 지요가 얼마나 미웠는지 지요의 두개골을 술잔으로 만들어 술을 마셨다고 한다.

어느 날 무휼이 변소에 들렀는데, 벽을 칠하는 죄수의 낌새가 아무리 보아도 수상했다. 사람을 시켜 그 죄수를 잡아 심문하니 과연 옛날 지요의 가신(家臣) 예양이었다. 예양은 잡혀서도 당당하게, "주군의 원수를 갚겠소"라고 큰소리를 쳤다. 기백을 가상하게 여긴 무휼이 그를 놓아주며 말했다. "내가 조심하면 그만이다. 남의 신하가 되어 주군을 위해 복수하려는 것은 당연하다."

얼마 후 무휼이 밖으로 나가 다리를 건너려는데 말이 어떤 이를 알아보고 날뛰었다. 그이를 보니 문둥병 환자에다 말 못하는 벙어리라 언뜻 누군지 알 도리가 없었다. 그러나 잡아와 자세히 보니 역시 예양이었다. 그는 일부러 외양을 그렇게 만들고는, 칼을 품고 다리 아래 숨어 있다가 복수의 기회를 노린 것이다. 무휼이 꾸짖었다.

"그대는 예전에 다른 주인들도 섬기다 그들이 망해도 복수하지 않았다. 그런데 유독 지금 이토록 복수에 집착하는 까닭은 무엇인가?"

예양이 대답했다.

"예전 주인들은 저를 그저 그런 사람으로 대접했지요. 허나 지씨

어른은 저를 국사(國士)로 대우했습니다. 그러니 저도 국사로서 주군께 보답하려는 것입니다."

무휼이 안타까워하며 말했다.

"슬프도다, 그대여. 그대의 충성은 알겠으나 나도 이제는 그대를 살려 둘 수가 없소."

이리하여 그를 잡아 죽이려는데, 예양이 부탁했다.

"저는 죽어 마땅합니다. 허나 군주(무휼)의 옷이라도 베어 제 주군의 복수를 대신하게 하여 주십시오. 그러면 죽어도 여한이 없겠습니다."

무휼이 옷을 건넸다. 예양은 칼로 그 옷을 찌르고는 자신도 찌르며 말했다. "이제야 주군의 복수를 하는구나."

여기 또 한 명의 자객이 있다. 그는 비슷한 시기 제(齊)나라 섭정(攝政)이라는 사람으로서 백정이었다. 홀어머니를 모시며 근근이 살아가는 그에게 어느 날 어떤 멀끔한 사람이 다가와 이유도 없이 도움을 주었다. 이 사내는 섭정 어머니의 축수 일에는 황금까지 흔쾌히 내었다. 섭정은 의아해하며 거절했다. 그러나 그 의문의 사내는 이렇게 설득한다.

"저는 남과 원수를 지고 외국으로 떠도는 이입니다. 어버이께 효도하라고 보태는 것이지 다른 뜻은 없습니다."

옛 거울에 나를 비추다

과연 다른 뜻이 없었을까? 이 사내는 한(韓)나라 조정에서 군주의 총애를 다투다 재상과 싸워 칼부림을 하고 달아난 엄수라는 사람이었다. 그 후에도 엄수는 선물 공세를 계속하며 복수의 뜻을 넌지시 내비쳤다. 그러던 차에 섭정의 노모도 죽었다. 섭정이 엄수에게 그 원수가 누군지 물었더니 바로 한나라의 재상이었다. 그간 섭정은 엄수에게 사적인 은혜를 너무 많이 입었다.

"하찮은 백정인 나를 한 나라의 큰 신하였던 분이 그토록 극진하게 대접했다. 어머니도 돌아가셨으니 이제 저이의 원수를 갚아 그간의 은혜에 보답하자."

이리하여 그는 칼 한 자루를 품고 한나라로 떠났다. 한나라 군주와 신하들이 연회를 벌이는 곳에 들어간 섭정은 곧장 달려들어 재상을 죽이려 했다. 그런데 재상이 군주의 뒤에 숨는 바람에 그 참에 무고한 군주까지 죽였다. 그러고는 자신의 얼굴에 상처를 내고 눈알까지 뽑아내서 누군지 못 알아보게 한 후 자살했다. 혹시라도 하나 있는 누나가 해코지를 당할까 두려웠기 때문이었다.

주군을 위해 몸을 바친 무사들의 이야기는 불과 300년 전 일본 열도를 흔들기도 했다. 무려 47명의 사무라이가 주군의 복수를 하고 전원 할복자살한 이야기다. 그 이야기는 오랫동안 유행하다 근래에는 영화 〈47인의 사무라이〉로 만들어져 더 유명해졌다. 이 사무라이들의 주군 또한 궁정에서 자기를 모욕한 이에게 칼을 빼들었다가 벌을 받아 죽었다. 하지만 이런 죽음이 과연 충정일까?

지요는 기회가 날 때마다 남을 능멸하다 그 두개골이 술잔이 되었다. 엄수는 개인적인 원한으로 고국을 망치려 했던 인사다. 사무라이들의 주군 또한 분노를 이기지 못하고 쇼군의 궁에서 칼부림을 한 인사다. 소위 무도(無道)한 짓을 한 사람이다.

순자는 윗사람을 거역해서라도 나쁜 짓을 못 하게 하는 것이 충(忠)이라고 했다. 살아 있을 때 잘 인도하지 못하고 죽은 이를 따라 죽는 것은 진정한 충이 아니다. 태평양 전쟁에서 자살 폭탄 공격을 감행한 가미카제 특공대원들 중 47인의 사무라이를 모르는 이는 없었을 것이다. 하지만 생각해 보라. 그들은 천황을 위해 죽었다지만, 그 천황은 온 세계의 무고한 백성들을 죽인 사람이었다.

그래서 순자의 말대로 나쁜 짓에 눈감은 가미카제 특공대원들을 우리는 함부로 충(忠)이라 부를 수 없는 것이다.

점입가경(漸入佳境) 가면 갈수록 경치가 더해진다는 뜻으로, 일이 점점 더 재미있는 지경으로 돌아가거나 시간이 지날수록 하는 짓이나 몰골이 꼴불견임을 비유하는 말.
_《진서(晉書)》〈고개지전(顧愷之傳)〉

보이국사(報以國士) 국사(國士)란 나라에서 재주가 특별히 뛰어난 선비를 말한다. 남을 국사로 대우하면 자기 또한 국사로 대접을 받는다는 뜻으로, 지기(知己)의 은혜에 감동함을 이르는 말.

옛 거울에 나를 비추다

시와 정치는
하나다

: 초나라 시인 굴원이 묻다

하느님께서 물어본 것인지(天問) 하느님께 물어본 것인지(問天) 모
르겠지만 시인은 세상의 시원(始原)과 인간사의 이치를 알고 싶었던
모양이다. 〈천문(天問)〉은 정말 대답하기 어려운 질문 172개로 구성
된 전국시대 초나라 시인 굴원(屈原)의 시다. 시인은 먼저 우주의 생
성 원리와 신화 속의 일을 묻는다. 질문은 무궁무진하다.

세상이 처음 생기던 때의 일은 누가 알려 주었을까? (전해 줄 사람
도 없었을 텐데.)

하늘과 땅은 어디서 나왔을까? (애초에 아무 물질도 없었을 텐데.)

완전히 깜깜했을 텐데 어떻게 그 이치를 알 수 있을까? (아무도 보지 못했을 텐데.)

땅은 왜 동남쪽으로 기울었을까?

천체는 왜 돌까? 그 기준점은 어디일까?

하늘을 떠받치고 있다는 거인들은 어디에 있을까?

태양이 아침부터 저녁까지 가는 거리는 어느 정도일까?

굴원이 품었던 원대한 의문들 중 몇 개는 현대 과학이 해결했다. 지구가 자전하니까 천체는 돌고 하늘을 떠받치는 거인들은 아마도 없는 듯하다. 그러나 여전히 천지의 시원 문제는 시원스레 해결되지 않고 있다. 이어서 시인은 옛날 인간사를 이야기한다.

천명은 무상한데 무엇이 죄이고 무엇이 복일까?

제환공은 제후들을 아홉 번 모은 패자(霸者)인데 어쩌다 그렇게 죽음을 당했을까?

강태공은 저잣거리에 살았는데 주(周) 문왕은 어떻게 그를 찾아냈을까?

진(晉)나라 태자 신생은 효자였는데 어쩌다 그렇게 죽었을까?

옛날이야기의 답은 굴원도 알고 있었던 듯하다. 제환공은 아첨 꾼들을 가까이하다 감금당해 죽었다. 문왕은 어디에 인재가 있을까 매일 돌아다니다 강태공을 찾았다. 태자 신생은 자신을 해치려던 아버지에게 차마 대들 수 없어 스스로 죽음을 받아들였다. 시의 마지막은 시인 자신의 이야기다.

우리 초나라 군대가 공을 세웠지만 얼마나 가겠는가?
잘못을 깨닫고 고친다면 내 구태여 무슨 말을 하리오?
오나라 광(합려)이 우리와 나라를 다뤘지만 어찌 우리를 이길 수 있을 손가?

초나라 군대는 이겼는데 왜 오래가지 못할까? 군주는 무슨 잘못을 하고 깨닫지 못하는 것일까? 굴원은 전국시대 중반 초나라의 대시인이자 정치가였다. 알다시피 전국을 통일한 나라는 진(秦)이다. 최강국이던 진은 연횡(連衡)과 원교근공(遠交近攻) 정책을 써서 나머지 나라들을 분열시켜 각개 격파하려고 했고, 나머지 나라들은 합종(合從)이라는 연합정책을 써서 진에 대항했다.

굴원은 합종파의 거물이었다. 그런데 초나라 왕은 진나라 유세객 장의(張儀)의 꼬임에 빠져 동방의 제(齊)나라를 배신하고 오히려 싸움을 벌인다.

장의는 이렇게 말했다. "제나라와 관계를 끊으시면 600리 땅을 거저 드리겠습니다."

굴원이 놀라서 묻는다. "친구를 배신하고 싸움에서 이긴들 얼마나 버틸 수 있겠는가? 오나라가 한때 초나라를 이겼지만 싸움을 자주 하다 결국 나라가 없어진 것을 모르는가?"

과연 장의의 말은 거짓이었다. 화가 난 초왕이 부랴부랴 군대를 정비하고 싸움을 벌였지만 연전연패였다. 그뿐만 아니라 진은 초왕이 직접 진나라로 오면 관계 개선을 이야기하겠다고 속임수를 썼다.

이번에도 굴원은 펄쩍 뛰었다. "늑대 같은 진을 어떻게 믿을 수 있습니까? 절대로 들어가서는 안 됩니다."

그러나 어리석은 왕은 굴원의 말을 듣지 않고 들어갔고, 결국 억류되었다가 불귀의 객이 되었다.

사태의 전말을 보면 굴원의 판단은 언제나 옳았다. 약한 자들끼리 연합해서 강한 자를 막아야 했다. 그러나 초왕은 매번 진나라의 사탕발림에 넘어가 미끼를 덥석 물었고, 나라는 나날이 작아졌다. 간쟁하던 굴원은 몇 번이나 귀양살이를 가다가 결국 더 이상 분을 참지 못하고 멱라수에 몸을 던진다. 그는 "곤륜산에 올라 옥꽃을 먹으며 천지와 더불어 살고" 싶었지만 5월 5일, 뜨거운 날 강에 투신한다.

죽기 전에 그는 한탄했다. "충신이 꼭 쓰이는 것도 아니고 현자가 이름을 날리는 것도 아니다"라고. 충성을 다하다 살해당한 오자서를 보지 못했느냐고. 풀리지 않는 거대한 의문들, 알면서도 어쩔 수 없는 인간사의 의문. 충성된 마음으로도 바꿀 수 없는 현실 속에서 시인은 끝없이 질문을 던지다 결국 유명을 달리했다. 그는 강에 몸을 던지기 전에 어부에게 이렇게 말했다고 한다.

"갓 머리 감은 사람은 반드시 관을 털고, 새로 목욕한 이는 반드시 옷을 턴다고 들었소. 사람이 되어 어찌 깨끗한 몸에 더러운 얼룩을 받아들인단 말이오. 강에 몸을 던져 물고기 배 속에 묻힐지언정 어찌 희디흰 몸에 세속의 때를 묻히겠소?"

굴원처럼 원대한 이상과 질문을 품은 이라면 세속에 물들 수 없었을 것이다. 단옷날 물에다 '쫑즈'라는 찹쌀떡을 던지는 풍속은 굴원 때문에 생겼다고 한다. 물고기들이 그의 몸을 뜯어 먹지 말라고.

공자는 이렇게 말했다. "시 삼백 수를 한마디로 정리하자면, 생각에 거짓이 없다(詩三百, 思無邪)."

시란 내밀한 감정을 키우는 수단이다. 공자는 제자들에게 또 이렇게 당부했다. "시를 읽어라. 하다못해 벌레나 풀 이름이라도 익힐 수 있지 않으냐?" 시를 통해 잡다한 지식이라도 얻을 수 있다는 뜻이리라. 벌레나 풀 이름을 익히는 사람이 다른 사람에게 함부로 할 수는 없다.

위대한 정치가를 꿈꾼 이들이 위대한 시인이던 시절이 있었다.

그러므로 공자에게는 '말을 바로 세우는 것(正名)'이 정치의 시작이었을 것이다. '거짓 없는 생각(思無邪)'은 시의 본질이며, 이 거짓 없는 생각에서 나온 말은 바르다. 정치(政)가 바른 것이 되자면 말(名)이 바로 서야 하고, 말은 시로 인해 바로 선다.

시인 하면 가난뱅이가 떠오르고, 정치인 하면 거짓말쟁이가 연상된다. 시인과 정치가가 이토록 멀어진 시대는 또 없을 것이다.

쫑즈(粽子) 찹쌀에 대추, 팥 등의 소를 넣어 대나무 잎이나 갈대 잎에 삼각형이나 원추형으로 싸서 찐 밥. 중국에서 음력 5월 5일 단오절에 먹는다.
시삼백 일언이폐지 왈사무사(詩三百 一言以蔽之 曰思無邪) 《시경》에 있는 시 300편을 한마디로 정리하자면 '생각에 거짓이 없다'. _《논어》〈위정(爲政)〉편

옛 거울에 나를 비추다

남는 빛(餘光)도
아끼려는가?

: 감무에게 빛을 준 소대와 맹상군을 구한 풍훤

전국시대 중반 감무(甘茂)라는 사나이가 멀리 서쪽 진(秦)나라에서
출사하여 큰 공을 세웠다. 오직 실력이 있어야 살아남는 이국땅에서
그는 자신이 할 수 있는 최선을 다했다. 그러나 떠돌이의 위세가 커
지는 걸 토박이들이 달가워할 리 없었다. 마침 자신을 지지하던 왕
이 죽자 감무는 진나라 공족의 공격을 받아 좌불안석이었다. 급기야
생명의 위협까지 느껴 진을 탈출하기로 한다.

그는 진에서 가장 먼 동방의 제나라로 망명하기로 했다. 당시 제
와 진이 자웅을 겨루는 형세여서, 진에서 벼슬을 했기에 진의 사정

을 잘 아는 감무를 등용할지도 몰랐다. 《전국책》, 《사기》의 기록으로 그때의 이야기를 재구성해 보자.

진을 떠나 제로 가는 길에 감무는 마침 제를 떠나 진으로 들어가는 제의 사신 소대(蘇代)를 만났다. 소대는 전설적인 반진(反秦)주의자인 소진(蘇秦)의 동생이고, 또 지금은 제나라 신하이니 표면적으로는 감무의 적이었다. 그런데 이미 힘을 잃고 망명객 신세가 된 감무는 소대에게 이렇게 하소연했다.

"군(君)은 혹시 강변의 처녀 이야기를 알고 계십니까?"

소대가 대답했다.

"모르겠습니다만……."

감무가 그 이야기를 들려주었다.

"어느 강변에 처녀들이 모여 살았답니다. 그중 하나는 너무 가난해 밤에 촛불을 켤 여유도 없었지요. 그러자 다른 처녀들이 모여서 수군거렸어요. 밤에 켜는 촛불 비용도 내지 않는 그 처녀를 쫓아내자고요. 결국 그 처녀는 떠날 수밖에 없었지요. 떠날 채비를 하면서 그 가난한 처녀는 이렇게 말했대요.

'소녀는 형편이 안 되어 초도 없어요. 그러기에 항상 먼저 나와서 방을 쓸고 자리를 깔았지요. 여러분은 어떻게 벽을 비추는 남는 빛(餘光)도 아끼십니까? 저에게 그 빛을 나누어 준다고 여러분에게 무슨 손해가 있습니까? 소녀는 그동안 여러분에게 도움을 줬다고 생

옛 거울에 나를 비추다

각해요. 그런데 저를 기어이 쫓아내야 하나요?'

이 말을 듣고 다른 처녀들은 그 가난한 처녀를 쫓아내지 않았다고 합니다. 지금 내가 못나서 진나라에서 쫓겨나 망명하는 중입니다. 원컨대 군을 위해 방을 쓸고 자리를 깔게 해주십시오. 저의 처자가 진에 남아 있습니다. 군의 남는 빛으로 그들을 비춰 주소서."

이 말을 듣고 소대는 감무의 처지가 이해되었다.

"알겠습니다. 제가 공(公)을 위해 힘써 보겠습니다."

원래 주나라 사람이면서 제나라에서 일하는 소대도 언젠가 감무의 처지가 될지도 모를 일이었다. 진나라에 들어간 소대는 짐짓 딴청을 하며 진왕에게 말했다.

"감무를 내치셨다고요? 감무는 보통 사람이 아닙니다. 게다가 진나라에서 오랫동안 군대를 이끌면서 진나라 지형과 요지를 모조리 꿰고 있습니다. 그가 동쪽으로 가서 다른 나라를 위해 일하면 진나라에 이롭지 않습니다."

진왕은 놀라서 물었다.

"어떻게 하면 좋을까요?"

소대가 대답했다.

"이제라도 후한 예물과 많은 녹을 준비해서 감무를 부르는 것이 낫습니다. 감무가 들어오면 벽지에다 연금시켜 평생 밖으로 못 나오게 하시면 됩니다."

소대의 말을 듣고 진의 사신이 감무를 찾으러 나섰다. 그러나 이미 제나라에 닿은 감무는 돌아가려 하지 않았다. 이번에는 소대가 제나라 왕에게 유세했다.

"감무는 정녕 걸출한 인재입니다. 진이 지금 상경의 작위와 재상의 지위로 그를 부르려 합니다. 하지만 감무는 우리가 자기를 받아준 은혜를 생각하여 진의 요청을 거부하고 있습니다. 정녕 감무가 진으로 돌아가서 군대를 부리면 우리가 감당할 수 있겠습니까?"

제왕은 소대의 말이 옳다고 생각했다. 감무는 진나라 사정을 훤히 꿰고 있을 것 아닌가? 그래서 감무에게 상경의 작위를 주고 제나라에 머물도록 했다. 이리하여 감무는 제나라에서 벼슬을 하고, 또 감무의 후손들은 진나라에서 해코지당하지 않고 잘 살았다고 한다. 소대가 준 '남는 빛'이 일가족을 비춘 셈이다.

이야기를 하나 더한다. 감무가 망명하던 시절 제나라 정치계에는 맹상군(孟嘗君)이라는 걸물이 있었다. 그 아래 식객이 3천이나 되었으니, 아무리 거부라도 돈이 부족했다. 그래서 그는 자기 봉지(封地)에서 '돈놀이'를 했다. 백성들에게 돈을 빌려주고 이자를 받아 냈던 것이다. 봉군이 백성들에게 돈을 빌려주고 이자를 받는 것이 보기 좋은 일은 아니었을 것이다. 그런데 봉지 사람들이 가난해서 제때 돈을 갚지 못했다. 그래서 맹상군은 회계에 밝다는 풍훤(馮諼)이

옛 거울에 나를 비추다

라는 사람을 보내 밀린 돈을 받아오게 했다. 풍훤이 이렇게 물었다.

"돈을 다 받고 나면 시장에서 뭘 사서 올까요?"

맹상군이 대답했다.

"우리 집에 부족한 것이 뭔지 보고 사 오시오."

풍훤은 맹상군의 봉지로 떠나 채무자들을 모았다. 그리고 정말 갚을 능력이 있는 사람들과는 상의하여 갚을 날짜를 정하고, 갚을 능력이 없는 사람들의 빚 문서는 모조리 불태우고 크게 잔치를 열어 위로하고는 돌아왔다.

떠난 지 얼마 되지 않아 풍훤이 돌아오니 맹상군은 의아해서 물었다.

"어떻게 이렇게 빨리 오셨습니까?"

"빚을 다 받았습니다."

"그럼 무엇을 사 오셨습니까?"

"의(義)를 사 왔습니다. 제가 보니 군의 댁에 넘치는 것은 재물이고, 부족한 것은 의였습니다. 그래서 넘치는 채권은 불살라 버리고 없는 의를 사 왔습니다."

그 의라는 것은 봉지의 주군으로서 백성들의 생업을 돌볼 의무, 혹은 그들을 상대로 돈놀이 따위를 하지 않는 도덕성이었을 것이다. 맹상군은 어이없어하면서도 수긍하고 풍훤을 중용했다. 훗날 풍훤은 맹상군의 목숨을 구하는 큰 공을 세우게 된다.

돈이 지배하는 오늘날, 한쪽은 생계를 이을 푼돈조차 없고 한쪽은 남아도는 돈을 더 모으느라 정신없다. 어떤 이는 일하고 싶어도 일이 없지만, 어떤 이는 없는 이의 재물을 빼앗아 자기 주머니에 더하는 게 일이다.

정녕, 나에게 남아도는 빛을 남에게 비출 최소한의 의(義)마저 잃은 것인가?

좌불안석(坐不安席) 앉아도 자리가 편안하지 않다는 뜻으로, 마음이 불안하거나 걱정스러워서 한군데에 가만히 앉아 있지 못하고 안절부절못하는 모양을 이르는 말.

옛 거울에 나를 비추다

전쟁에
도리란 없다

중원의 수많은 전쟁터를 답사했지만 그중 오늘날 산서성 고평(古平)에서 고대의 유골 더미를 보며 전율했던 기억이 가장 생생하다. 마구 뒤엉키고 신체의 일부가 훼손된 시신을 보면 모두 정상적으로 죽지 못한 것이 분명했다. 어쩌다 그런 모습으로 묻히게 된 것일까? 그들은 기원전 260년을 전후해 벌어진 전국의 열강 진(秦)과 조(趙)의 장평(長平, 오늘날의 고평) 싸움의 희생양이었다.

당시 진의 소왕(昭王)은 범저를 모사(謀士)로 하고 백기(白起)를 장군으로 삼아 산동 열국들을 맹타하는 중이었다. 목표는 황하 북쪽에 있는 거대한 분지 상당(上黨)으로서, 이 땅은 '천하의 목구멍'으로 평가되던 요충지였다. 당시 상당의 남쪽 부분을 차지하고 있는 나라는 열국 중 최약체인 한(韓)이었다. 진나라 군 일대는 한의 도성을 견제하고, 일대는 집요하게 상당을 공략했다. 상당은 천하통일의 디딤돌이었기 때문이다. 진의 대공세를 견디다 못한 한은 상당을 포기할 요량이었다.

상당 태수 풍정은 이미 자기 힘으로 지키지 못할 것을 알고 있었기에 백성들을 모아 이렇게 말했다. "차라리 진보다는 우리와 가까운 조에게 항복하자. 조가 상당을 받으면, 조와 힘을 합쳐 진을 상대할 수 있다."

조가 상당을 받는다면 진과 일전을 불사해야 한다. 그러나 수십만의 군대를 내어 싸워야 가까스로 성 하나를 얻는 시절이었다. 상당의 수십 개 성을 통째로 들고 항복한다고 하니 조나라 왕은 결국 응낙하고 말았다.

상당을 막 얻으려는 차에 조가 개입하자 진왕은 대노했다. 이리하여 양군이 장평에서 대치했는데 조나라 대장은 지키는 데 이력이 난 염파(廉頗), 진나라 대장은 공격의 대가 백기였다. 이른바 모순(矛盾) 간 세기의 대결이었다.

염파는 신중했다. 들판에서 전국 최강의 진군과 직접 싸운다면 승산이 없었다. 그는 동쪽에서 태행산을 넘어 이어진 보급로에 바짝 붙여서 보루를 단단히 쌓고 지구전을 개시했다. 진군을 상당의 분지에 묶어 두고 해를 보내면 천하의 형세는 분명 바뀔 것이라고 믿었다. 그의 작전은 옳았다. 진군은 남쪽에서 상당으로 들어오는 보급로에 의지하고 있었다. 남쪽에서 들어오는 보급로는 한(韓)을 거쳐 위(魏) 땅을 지나야 하므로, 위와 한이 진에게 대들면 언제든지 끊어질 수 있었다. 기약 없이 시간을 보내다간 큰일이었다.

그런데 아무리 싸움을 걸어도 염파는 응해 오지 않았다. 그러자 꾀주머니 범저가 수를 썼다. 그는 조나라 조정의 간신배들에게 뇌물을 잔뜩 먹이고 헛소문을 퍼뜨리게 했다.

"진은 염파를 무서워하지 않는다. 오직 명장 조사(趙奢)의 아들 조괄(趙括)만 두려워할 뿐이다."

조왕은 이에 늙은 염파를 어린 조괄로 바꿨다. 조괄의 아버지 조사는 이미 죽었지만 한때 진군을 대파한 명장이었다. 조괄은 아버지의 후광을 입고 있었다. 그러나 찰나에 삶과 죽음이 뒤바뀌는 전쟁터에서 아버지의 후광이 무슨 소용이겠는가?

백기는 대장이 바뀌었다는 소문을 듣고는 바로 싸움을 걸었다. 물론 조괄은 군대를 이끌고 보루를 나서 맞서 싸웠다. 그런데 천하무적이라는 진군이 뒤로 물러나는 것이 아닌가? 조괄은 신이 나서 진군을 추격했다. 그러나 이것은 유인책에 불과했다. 조괄의 본대가 보루에서 멀리 떨어지자 진의 기병이 재빨리 본대와 보루 사이를 치고 들어가 후미를 끊어 버렸다. 졸지에 조군은 평지에서 고립된 신세가 되었다.

진퇴양난의 상황에서 조군은 임시로 방어막을 만들고 구원군을 기다릴 수밖에 없었다. 여러 날 고립되어 굶은 장병들은 급기야 서로 잡아먹기 시작했다. 절망하고 주린 이들에게서 의리를 찾는 것은 무리였다. 굶주리다 못한 조군은 무턱대고 포위를 벗어나려 발버둥을 치다가 죽어 갔고, 마지막에 결사대를 이끌고 나간 대장 조괄도 전사했다. 수십만 군대는 버티지 못하고 항복했다.

비록 포로지만 수십만은 엄청난 수였다. 백기는 장수들에게 이렇게 말했다. "우리가 상당을 다 취했는데 한나라 사람들은 항복하지 않고 조나라를 택했다. 그리고 조나라 사람들은 배신을 잘한다. 또 배신을 할까 걱정된다." 그러고는 군관들에게 모종의 명령을 내렸다.

어느 날 밤, 감금되어 있던 조나라 포로들에게 무장한 진의 병력이 닥치더니 마구잡이로 학살했다. 그리고 시신들을 장평에 모두 파묻어 버렸다. 이것이 이른바 '장평대학살'이다. 당시 상황을 《사기》는 이렇게 적고 있다.

"포로들을 속여서 모두 파묻어 죽이고, 어린이 240명만 조나라로 돌려보냈다. 전후 목이 베이거나 포로가 된 이가 45만 명으로, 조나라 사람들은 백기의 이름만 들어도 벌벌 떨었다."

옛 거울에 나를 비추다

어디까지가 진실인지 어리둥절할 수밖에 없지만 이 엄청난 포로 학살이 유물로 증명되고 있으니 아연실색할 따름이다.

백기 이야기를 마저 해보자. 당시 백기는 포로를 학살한 후 승세를 타서 조나라를 멸망시킬 심산이었다. 그러나 범저는 군대가 지쳤다는 이유로 반대했다. 해를 보내고 진군은 다시 조나라 도성 한단을 포위했지만 함락시킬 수 없었다. 백기는 자신의 계략이 쓰이지 않자 병을 핑계로 종군하지 않았다. 한단의 상황이 어려워지자 진왕은 계속 백기에게 사람을 보냈다. 그러나 백기는 싸우려 하지 않았다. 백기가 못마땅했던 범저는 진왕에게 그를 죽여야 왕의 위세를 세울 수 있다고 조언했다. 그러자 진왕은 백기에게 칼 한 자루를 보냈다. 자결하라는 뜻이었다. 백기는 자결하기 전에 이렇게 물었다.

"내가 하늘에 무슨 죄를 지었기에 이렇게 되었는가?"

한참 지나 스스로 대답했다.

"나는 죽어 마땅하다. 장평에서 포로 수십만 명을 속이고 묻어 죽였으니 죽어 마땅하다."

당시 진은 통일을 이뤄 전쟁을 종식시키고자 했다. 그러나 인민이 다 죽은 후에 이룬 통일이 무슨 의미가 있을까? 우리는 이미 중국 최초 통일 왕조의 이름이 진이라는 것을 알고 있다. 하지만 진이 통일 직후에 바로 무너진 것도 알고 있다. 모두가 살육으로 인한 원한 때문이었다.

우리는 불과 반세기 전에 동족상잔의 비극을 겪었다. 당시 위정자들은 포로도 군인도 아닌, 적은 더욱 아닌 민간인을 잠재적인 적으로 몰아 학살한 경험이 있다. 그러니 애초에 전쟁터에 도리(道理)란 없다. 그럼에도 여전히 남북은 '서울 불바다', '평양 소멸'을 외치며 일전불사를 주장한다. 그들에게서 조괄의 그림자를 보는 것은 지나친 노파심일까?

모순(矛盾) '창과 방패'라는 뜻으로, 말이나 행동의 앞뒤가 서로 일치하지 않음.
아연실색(啞然失色) 뜻밖의 일에 얼굴빛이 변할 정도로 크게 놀람.

옛 거울에 나를 비추다

그처럼 용감하되
방법마저 의롭다면

: 진시황을 찌르려다 실패한 형가

이 이야기의 주인공 형가(荊軻)를 아는 이보다 한참 전 장예모 감독이 연출한 영화 〈영웅〉에서 이연걸이 연기한 무명(武名)을 아는 이들이 더 많을 것이다. 무려 2200년 전 전국시대 말기의 인물이니 그 이름이 생소한 것도 당연하다. 그 이름을 아는 사람들은 즉시 《사기》의 〈자객열전〉을 떠올리며 그를 '자객'이라 부른다. 실로 그는 진왕(훗날 통일을 이루고 진시황이라 칭한다)을 찌르려다 실패한 사람이니, '자객(찌르는 사람)'이라 불러도 될 것이다. 그러나 '자객'은 찌르는 대상이 있어야만 존재할 수 있는 사람이니 주체성이 없는 명칭이다. 과연 자객에게도 주체성이 있을까?

형가의 조국은 위(衛)나라로, 한때는 번듯한 중형 국가였지만 전국시대에는 주변 위(魏)나라의 위성국으로 전락했다가 진(秦)에 의해 실질적으로 망한다. 형가는 한때 조국의 군주에게 검술로 유세를 한 적도 있지만 등용되지 못했고, 급기야 망한 조국을 떠나 떠돌아다닐 수밖에 없었다. 당시 진은 전국을 통일할 기세로 조나라를 막 삼키려는 순간이었기에 형가는 먼저 조나라로 갔다가 다시 북쪽 변방의 연(燕)나라로 망명했다. 그는 처음부터 빈털터리 떠돌이였다.

형가는 연나라 시장 바닥에서 어떤 개백정과 축(筑)이라는 현악기를 잘 타는 고점리(高漸離)와 의기투합하여, 술을 마시고 주흥이 오르면 울기도 하고 웃기도 하면서 옆 사람을 아랑곳하지 않았다고 한다. 그 유명한 방약무인(傍若無人)이라는 고사성어가 여기서 나왔다. 여럿이 시장판에 모여 절제 없이 술을 마시는 것은 서쪽에서는 금기시하는 행동이었다. 형가는 떠돌이였지만 나름대로 글을 읽었고 귀족들의 손님 노릇을 하는 사람이었는데도 개백정과 거리의 악사와 흉금을 터놓고 지냈으니, 그는 사람의 등급을 중시하는 사람이 아니었다. 반면 서쪽의 진은 작위에 따라 엄격하게 신분을 나누는 등급제 사회를 지향하고 있었으니, 진은 아무래도 형가와는 어울리지 않는 사회였다.

그러나 전국시대는 자연인 형가를 그냥 두지 않았다. 망한 조국을 등지고 북방으로 쫓겨 왔지만 전쟁의 불길은 다시 북방까지 쫓아 왔다. 그러다 형가는 '악연'을 만나고 만다. 형가가 연나라에 있을 때 마침 진나라에 인질로 가 있던 연나라 태자 단(丹)이 도망쳐 돌아왔다. 진왕이 인질 대접을 제대로 해주지 않고, 또한 조국도 곧 진에게 망할 지경이니 가만히 있지 못했던 모양이다.

태자 단은 진왕에게 무시당한 것을 복수하고, 또 조국이 진에게 병탄되는 것을 막고 싶었지만 강한 진에 맞설 수 없어 안절부절못하고 있었다. 그러다 겨우 생각한 것이 바로 진왕을 협박하거나 죽여서 침략을 막자는 것이었다. 그렇다면 그런 일을 누가 할 것인가? 전국 최강 진의 군주를 필부가 막을 수 있을까? 그렇게 인물을 찾던 차에 형가의 이름이 태자 단의 귀에까지 들어갔다. 그리하여 형가는 태자 단과 조우했다. 형가를 보자 태자는 머리를 조아리고 말했다.

"조나라는 결국 진에게 항복할 것이고, 이내 화가 연에 미치겠지요. 하지만 연은 약소한 데다 여러 차례 전쟁을 겪었으니 온 나라를 들어도 진을 당해 낼 수가 없습니다. 만약 천하의 용사를 보내 진왕을 겁박하여 제후들에게 빼앗은 땅을 다 돌려주게 만들면 최상이고, 안되면 그를 찔러 죽이는 방법이 있습니다. 지금 진나라 대장들은 밖에서 군대를 마음대로 부리고 있으니 안에서 변란이 일어나면 군신이 서로 의심할 것이고, 그 틈에 제후들이 힘을 합치면 반드시 진을 격파할 수 있습니다. 어떠신지요?"

형가는 청을 받아들일 생각이 없었다. 한참 있다가 그가 대답했다.

"이는 국가의 대사입니다. 신은 미련하고 무능하여 큰일을 감당할 수 없을 듯합니다."

그러나 태자가 앞으로 나와 머리를 조아리며 거듭 간청하니 형가는 사양하지 못했다. 이리하여 자연인 형가는 졸지에 거대한 음모에 연루되고 말았다. 태자는 형가를 극진히 대접하며 거사 일을 기다렸다.

마침 진나라 장군 번오기(樊於期)가 진왕에게 일족을 몰살당하고 연나라에 망명해 있었다. 이제나저제나 복수를 다짐하고 있는 번오기에게 형가가 다가가 말했다.

"진은 참으로 장군을 모질게 대했습니다. 종족을 모두 도륙하다니요. 듣자 하니 장군의 목에 천금의 포상금과 만호의 읍이 걸려 있다고 하던데, 장군은 이제 어찌하렵니까?"

번오기는 눈물을 흘리며 복수의 심정을 토로했다. 형가가 이어 말했다. "장군의 머리를 얻어 진왕에게 바치면서 제가 진왕의 가슴을 찌르겠습니다. 그러면 장군의 원수를 갚을 수 있습니다. 그럴 수 있습니까?"

번오기는 당장 허락했다.

"이것이 바로 제가 밤낮으로 이를 갈며 바라던 바입니다. 당장 가르침을 받들겠습니다."

옛 거울에 나를 비추다

형가는 날카로운 비수를 준비하고 함께 떠날 친구를 기다렸지만 시간이 되어도 오지 않았다. 그러는 차에 태자는 조바심이 나서 계속 재촉했다. 형가는 할 수 없이 진무양(秦舞陽)이라는 힘깨나 쓰는 무뢰배를 수하로 거느리고 떠나기로 했다. 이리하여 형가가 길을 나서 역수(易水, 중국 하북성 역현에 있는 강 이름)를 건너려는데 태자를 비롯한 모든 빈객들이 나와 전송하고 고점리가 축을 타고 형가는 이에 맞춰 노래를 불렀다. 그때 형가가 앞으로 나와 부른 노래다.

"바람은 소소하고 역수는 찬데, 장사 한번 떠나면 다시 오지 못하리(風蕭蕭兮易水寒 , 壯士一去兮不復還)."

이 노래에 비분강개하여 전송하는 사람들이 모두 울었다고 한다.

이리하여 형가는 진에 들어가서 진왕의 측근에게 뇌물을 주고 알현을 청했다. 형가가 번오기의 목과 연나라 요지의 지도를 가지고 와서 연왕이 항복한다는 말을 전한다고 하니 진왕은 크게 기뻐하며 그를 맞아들이기로 했다.

진왕을 알현하는 그날, 형가는 번오기의 목이 든 함을 들고 앞에 서고 진무양은 지도가 든 궤를 받들고 뒤를 따랐다. 하지만 단 아래에 이르자 진무양의 안색이 변하더니 겁에 질려 떨었다. 생각 없이 폭력이나 쓰던 무뢰배가 진나라 조정의 위세에 눌린 것이다. 그러나 형가는 웃으면서 천연덕스럽게 진왕에게 사과했다.

"북방 오랑캐 촌놈이 천자를 뵌 적이 없는지라 그렇습니다."

진왕이 말했다.

"들고 있는 지도를 가져오라."

형가가 지도를 들어 바치고, 진왕이 지도를 다 펼치자 시퍼런 비수가 드러났다. 형가는 바로 진왕의 소매를 잡고 찔렀다. 그러나 왕이 화들짝 놀라 뒤로 빠지며 일어났기 때문에 비수는 몸에 닿지 못하고 소매만 잘렸다. 이어 형가는 칼을 잡고 쫓고 진왕은 달아나는 진풍경이 벌어졌다. 진왕이 기둥을 돌며 달아나며 어찌할 줄을 모르는데, 좌우에서 소리쳤다.

"칼을 등에 지소서!"

진왕은 칼을 등에 지고 드디어 뽑았다. 왕이 긴 칼로 형가를 내리쳐 왼 다리를 끊었다. 형가는 쓰러지면서 비수를 던졌지만 빗나가 구리 기둥을 맞혔다. 진왕이 마구 칼을 휘둘러 형가는 수없이 상처를 입었다. 결국 일이 어긋나자 형가는 기둥에 기대어 앉아 웃으며 진왕을 꾸짖었다.

"일이 실패한 것은 너를 살려 두고 위협하여, 반드시 약속을 얻어 태자에게 보고하고자 했기 때문이다."

드디어 좌우에서 앞으로 나가 형가를 죽였다.

형가는 이렇게 죽었다. 그러나 복수극은 끝나지 않았다. 형가의

옛 거울에 나를 비추다

친구 고점리는 숨어 살다가 지쳐 다시 축을 탔다. 실력이 얼마나 대단했는지 결국 진왕도 알게 되었다. 진나라 법에 의하면 형가의 일당인 고점리도 죽여야 했다. 그러나 진왕마저 고점리의 연주 실력을 아껴서 죽이지 않고 눈을 멀게 한 후 곁에 두고 축을 연주하게 했다. 그러나 고점리의 마음속에는 언제나 옛 친구가 있었다. 그는 축 속에다 납덩이를 넣고 기회를 엿보다 진왕이 가까이 갈 때 내리쳤다. 하지만 그는 앞을 못 보는지라 진왕을 맞히지 못했다. 이리하여 고점리도 결국 친구를 따라갔다.

사마광(司馬光)은《자치통감》에서 형가의 행동을 이렇게 평가했다.

"형가는 태자가 자신을 길러 준 사적인 은혜만 마음에 품고는 자신의 칠족(七族)을 돌보지 않고 한 자짜리 비수로 연을 강하게 하고 진을 약하게 하려 했으니 또한 어리석지 않습니까? …… 양웅(揚雄)이 '군자는 형가를 도적으로 본다(荊軻, 君子盜諸)'했으니, 참으로 옳은 말입니다."

태자 단이 어리석은 것은 사실이다. 왕위를 이을 사람이 사술(詐術)로 나라를 구하려 하다니. 하지만 형가가 그렇게 어리석은가? 먼저 형가는 왜 동쪽으로 갔을까? 당시 서쪽은 소위 변법(變法)이라는 법가주의 개혁으로 군국주의적인 경향이 강했다. 진이 바로 법가적 군국주의 국가였다. 그는 여전히 춘추의 영향이 남아 있고 소위 동이와 접한 연나라의 분방함이 더 마음에 들었기에 진과 가장 먼 그 곳으로 간 것이다. 《한서(漢書)》에도 한나라 시절 옛 연나라 땅 풍속이 남녀가 쉽사리 어울려 놀며 분방하다고 기록되어 있다. 형가는 저자(시장)에서 흉금을 터놓는 자유를 원했던 사람이다.

또한 형가가 태자와의 사적인 정만 생각하고 가족을 팽개친 사람인가? 역시 그렇지 않다. 원래 형가는 그런 일에 얽매이고 싶지 않았다. 형가는 위(衛)나라 사람으로 군주에게 검으로 유세하며 조국의 생존을 위해 노력한 사람이다. 그는 망국의 유민으로서 앞으로 진이 만들어 갈 세계를 거부한 사람이다.

수십만을 죽여 가며 약소국을 침범하는 거대한 폭력은 용서 받지만, 그것에 대항한 작은 폭력은 비난 받는다. 그러나 형가는 최소한 남에게 고용되어 함부로 사람을 찌르는 자객은 아니었다. 그 의기를 세태에 영합하는 겁쟁이들이 논할 수 있으랴.

실제 역사에서 용기 있는 개인이 세상을 바꾸는 일은 허다하다. 물론 형가의 방법은 옳지 않았다. 하지만 형가처럼 용감하되 실천하는 방법마저 의롭다면 개인이라고 세상을 바꾸지 못할 리 있을까.

방약무인(傍若無人) 곁에 아무도 없는 것처럼 여긴다는 뜻으로, 주위에 있는 다른 사람을 전혀 의식하지 않고 제멋대로 행동하는 것을 이르는 말.

풍소소혜역수한, 장사일거혜불부환(風蕭蕭兮易水寒,　壯士一去兮不復還) 바람은 소소하고 역수는 찬데, 장사 한번 떠나면 다시 오지 못하리.

왕부검(王負劍) "왕께서는 칼을 등에 지소서!" 진왕은 칼을 차고 있었지만 너무 길어서 뽑을 수 없었다. 누군가 외친 이 말에 칼을 등에 지자 비로소 긴 칼을 뽑을 수 있었다.

아우름 15

옛 거울에
나를 비추다

1판 1쇄 인쇄 2016년 11월 24일
1판 1쇄 발행 2016년 12월 1일

지은이 공원국
펴낸이 김성구

책임편집 박혜란
단행본부 이은정 김민기 나성우 김동규
디자인 홍석훈 문인순
제 작 신태섭
책임마케팅 최윤호
마케팅 손기주 송영호 유지혜
관 리 김현영

표지 패턴 NOSTRESS 민유경

펴낸곳 (주)샘터사
등 록 2001년 10월 15일 제1-2923호
주 소 서울시 종로구 대학로 116 (03086)
전 화 02-763-8965(단행본부) 02-763-8966(영업마케팅부)
팩 스 02-3672-1873 **이메일** book@isamtoh.com **홈페이지** www.isamtoh.com

ISBN 978-89-464-2042-7 04910
ISBN 978-89-464-1885-1 04080 (세트)

이 도서의 국립중앙도서관 출판시도서목록(CIP)은 e-CIP 홈페이지
(http://www.nl.go.kr/cip.php)에서 이용하실 수 있습니다. (CIP제어번호: CIP2016027821)

값은 뒤표지에 있습니다.
잘못 만들어진 책은 구입처에서 교환해 드립니다.

건강한 인성에서 건강한 마음, 건강한 꿈이 자라납니다
아우름 시리즈는 샘터와 CJ 도너스캠프가 공동 기획하였으며,
이 책의 판매 수익금 일부는 아동청소년 인성교육 프로그램에 지원됩니다.

CJ도너스캠프   검색   www.donorscamp.org